マイルズ・L・パターソン 著
Miles L. Patterson

大坊郁夫 監訳
Ikuo Daibo

ことばにできない想いを伝える

非言語コミュニケーションの心理学

誠信書房

More than Words
:The Power of Nonverbal Communication
by Miles L. Patterson

日本語版に寄せて

この翻訳は、ここ15年の間に親交を得た、優れた日本の研究者たちとの共同作業でできたものです。まず、１９９０年代にセントルイスを訪れた飯塚雄一教授と知り合いになれたことは、とても幸運でした。最初にお会いした際および数年後に立てた共同研究の企画は、その数年後には、非言語コミュニケーションにおける日本人とアメリカ人の違いについて明らかにした2編の研究論文を含む成果として、実を結びました。その後、大坊郁夫教授と飯塚雄一教授には、二度の日本訪問の労をとっていただきました。訪日のたびごとに複数の大学で講演をし、日本文化について学ぶことが多々ありました。日本滞在を存分に楽しみ、また、たくさんの興味深い人々と会う機会を得たことはうれしいことでした。このような経験があるので、『ことばにできない想いを伝える――非言語コミュニケーションの心理学』の日本語版が刊行されるのを、とてもうれしく思っています。

本書での私のアプローチは、多くの教科書に見られる非言語コミュニケーションのそれとは違います。典型的には、多くの著者は、非言語コミュニケーションの個別の「チャネル」を、それぞれ別の章に分けて述べています。かくして、ある章では空間行動を、別の章では視線を、次には身体接触などと、すべて要素的な行動が取り上げられています。このやり方は、扱おうとしている題材を構造化するには便利ですが、非言語コミュニケーションの持つ複雑さや要素間の相互関連性を、不正確に伝えることになってしまいます。実際に、非言語コミュニケーションを送信（行動）する側と受信（判断）する側のどちらにとっても大事なことは、本来一体であるパターン（ゲシュタルト〈全体〉）を個別のチャネルに切り離して扱うことではありません。言い換えますと、非言語コミュニケーションは、それぞれ伝達の意味を持っているすべてが、相互に関連する手がかり、行動のシステムをなしていると見なすべきです。したがって、いくつかの章では、社会的状況における非言語行動の多様な機能について述べることに充てました。

読者が広汎で効果的なコミュニケーション・システムについて、新たな視点を持っていただけるようにと願っております。

２０１３年５月30日

マイルズ・Ｌ・パターソン

まえがき

非言語コミュニケーションは、もともと興味深いトピックです。私は、学部生だったおよそ45年以上も前からこのトピックに惹きつけられ、今なおこの研究をし続けています。私はたぶん物覚えのよくない者なのでしょう。このことをさておいても、私の関心を惹き続けている何かがあるものと考えています。非言語コミュニケーションの持つ広範囲にわたる影響は、対面場面での相互作用のみならず、テレビやインターネットを含むさまざまな報道発信源にも及んでいるのです。というのも、ほとんどの非言語コミュニケーションは、自動的、無意識のうちに生じるものであり、人はこの類いまれなメッセージの送受信を、多くの場合気づいていないのです。

非言語コミュニケーションは、一般向けの雑誌や書籍では、概して「ボディ・ランゲージ」として紹介されています。人々の考えや感情について特定の意味を伝える一連の行動や手がかりとして、漠然と用いられています。「ボディ・ランゲージ」という用語は、一般に対人関係や政治家の行動の分析、ひいてはスポーツの試合の経過にさえ用いられています。残念なことに、このような用語の用い方は不正確で、誤解を招いています。実際に非言語コミュニケーションは、身体にとどまらず広い意味を持っています。それは、言語ではないという意味であり、より広い社会的な脈絡に結びつくことを条件にしてはいますが、決して狭い範囲にとどまらない意味のものなのです。本書の目標のひとつは、このような誤解のいくつかを正し、非言語コミュニケーションについての基本的な理解をしていただき、このトピックについての幅広く展開されている着実な研究や理論について、わかっていただきたいことです。非言語コミュニケーションの持つ複雑さをきちんと理解するためには、研究が実施されている方法に注意を向けることも必要です。そのため、本書では、数多くの研究で用いられている方法や、非言語コミュニケーションの理解を増すためにはどうすべきかについても述べていきます。

数多くの一般向けの書籍や教科書では、非言語コミュニケーションの行動を別個に切り分けて個々の章で扱うという、単一チャネル・アプローチをとっています。つまり、空間行動の章、その次には視線行動の章、次いで顔の表情の章、身体接触の章という具合です。これは、扱う題材を構造化していくには便利なやり方ですが、非言語システムがどう機能しているのかについてうまく説明するものではありません。むしろ、これらの要素個々の働きの総和以上の働きがなされるのです。非言語要素すべてが相互に組み合わさって、統合的に機能するものです。チャネル・アプローチに対して、本書では機能的アプローチの立場をとっています。すなわち、非言語コミュニケーションの個々の要素を、多様な社会的機能の発現として作用するシステムとしてとらえています。言い換えると、非言語コミュニケーションは、適応的な対人目標を促進する統合システムとして考えるのが最も妥当なのです。
本書が出るまでには直接的、間接的に数多くの方々にお世話になりましたことに感謝します。まずはじめに、ノースウエスタン大学の大学院時代のリー・シュレスト、そしてベントン・アンダーウッド、ドナルド・キャンベルに謝意を表します。研究や研究方法に対する入念な準備を行う姿勢に注がれている情熱は、いつまでも私の見本となっています。人類学者のE・T・ホール、社会学者のアービング・ゴッフマンの研究は、私に社会行動やコミュニケーションのダイナミックな展開への幅広い視野を開かせてくれました。長年にわたり、妻のダイアンと息子のケヴィンは、私の研究成果を辛抱強く支えてくれました。また、ダイアンは、本書の図を描いたり、原稿の校正にとても大きな役割を担ってくれました。そして、第10章の理論モデルの図作成に世話になりましたポール・ウィルマースに感謝します。最後に、エディトリアルアレスタ社のバーネット・モンタギューと本シリーズの編集者であるヒュイ・ジャイルズの揺るぎない支援と励ましに深く感謝いたします。

2010年3月

マイルズ・L・パターソン

目次

第1章　非言語コミュニケーションの特質と領域

他の動物と同じように、人間は社会的な動物です。他人と交流することは基本的な生存、健全な成長、自分の人生に全般的な満足を得るために重要なことです。コミュニケーションは、他人と関わりたいとの基本的な欲求を満たす手段を提供してくれます。いわゆる言語を用いた言語コミュニケーションは、過去・現在・未来にわたる人やもの・出来事・考えや、過去・現在・未来についての詳しい情報を伝える強力な手段です。しかしながら、相互作用過程に関しては、言語コミュニケーションよりも非言語コミュニケーションのほうが、通常は大きな影響力を持っています。さらに、非言語コミュニケーションは対面の相互作用に限られるわけでもありません。テレビやインターネットを含む媒介されたコミュニケーションも、非言語コミュニケーションの付加的な伝達手段なのです。

本書の目的は、日常生活において非言語コミュニケーションが持っている力とその普遍性について、皆さんに伝えることです。本書では、いろいろなおもしろい逸話を取り上げてお話しするのではなく、むしろ、非言語コミュニケーションがどのように、なぜ用いられているのかに焦点を当てて説明します。この問題については、私がこれまで取り組んできた研究に基づいて、対人的な目標を達成するための非言語コミュニケーションの持つ有用性を分析するという、機能論的なアプローチを用いています。前半の四つの章は、非言語コミュニケーションの具体的な機能について述べます。第5～9章までは、非言語コミュニケーションの特に主要な機能を取り上げ、その機能が持つ社会的に重要な役割について述べます。最後の第10章では、それまでの章で取り上げた研究成果に基づいて、相互作用の非言語的な側面の絶妙な相互関係を理解するための、概念的な枠組みを提唱します。

ボディ・ランゲージとは何か

一般向けの本や雑誌やさまざまなメディアでは、非言語コミュニケーションのことをよく「ボディ・ランゲージ」と称しています。まずもって、私はこのことばを用いないことを説明することから始めます。なぜ用いないのか、そして、このことばを用いることの間違いを正すことから説明しましょう。ボディ・ランゲージというのは、人の気分や動機づけを評価するのに幅広く使われることばです。あるスポーツチームが相手チームに徹底的に打ちのめされているときに、スポーツキャスターは、「皆さんおわかりのように、この負け具合は選手たちのボディ・ランゲージに現れています」と言うことがあります。そして、今度は試合の潮目が変わって、そのチームが大負けから逆転しリードし始めると、その様子がまた、選手たちのボディ・ランゲージに反映されるかのように言うのです。政治家や有名人が登場する際にもボディ・ランゲージが注目されます。つまり、彼らのボディ・ランゲージがモチベーションや正直さを示しているかどうかが問題となるのです。一般向けの雑誌では、良いパートナーを見つけるために、あるいは相手があなたを裏切っていないかどうかを知るために、ボディ・ランゲージが重要であると強調しています。映画やテレビのドラマでよく用いられる演出は、主人公が敵役の欺瞞《ぎまん》を見破る仕草をいかに見つけ出すのかの目星を付けるところにあります。

人や動物の外見や姿勢、動作、表情は、もちろん感情を表す合図になり得ます。しかしそれは、「ボディ・ランゲージ」ではありません。ここで話を明確にするために、少し言語のことを取り上げましょう。言語を構成しているもの、すなわち単語は、それぞれが特定の指示物（referent）を持つ恣意的な記号です。これらの指示物には、対象物、行為、人々、考えなどがあります。たとえば、誰かが「木」という言葉を使うときには、私たちはそれが何を指し示すものかをはっきり理解することができます。もちろん、いろいろな種類の木があります。しかし、鳥が木に極めて近いところにいるからといって、「木」を指し示すものと「鳥」を指し示すものとを間違うことはまずありません。これに対して、微笑（smile）の意味するところについてはどうでしょうか。微笑みかけられた人にはもちろん何かが伝わるでしょう。しかし、本当のところ、その意味は何でしょうか。おそらく、自分は幸せであることを示しているのかもしれません、あるいは、その人は協力したいということを微笑で示しているのかもしれません。または、あなたが人前で恥をかいたのを見て、おかしくて微笑んでいるのかもしれません。ある非言語行動の意味は、概ね条件付きなのです。つまり、社会的、行動的な文脈によって決まるのです。このように、いくつかの例外を除くと、言語と異なり、ある非言語行動に決まった意味が逐一対応しているのではないのです。

非言語行動は確かに意味を伝えるものですが、しかしそれが伝える内容は、個人についてのものであったり、対人関係に関するある状態や意図についてのものだったりするのです。ある人の行動があなたに会って「うれしい」と伝えているとしても、この2週間具合が悪くて家で過ごした直後なので、誰に会ったとしてもうれしいということにはなりません。しかし、ことばにはたくさんの意味があります。ことばには、何らかのメッセージを伝えるために単語をどのように組み合わせて用いるのかを決める、統語法（syntax）があります。単語は、いいかげんな語順で用いてもそれなりの意味をなすほど単純なものではありません。「Tom fell on the bridge（トムは橋の上にいる）」と「The bridge fell on Tom（橋がトムの上に落ちた）」とでは、意味が異なります。話しことばであれ、書きことばであれ、単語は指定された順番で用いられるものなのです。

もちろん、話しことばであれ、書きことばであれ、ことばを用いずに何らかの内容の情報を送り出す方法はあります。たとえば米国手話は、話しことばではない言語です。これは、特定の意味を持ったサインという語彙《ごい》であり、統語法でもあります。ですから、手話のようなサイン言語は、ちょうどことばによる言語と同じように機能します。サイン言語と言語とが類似している根拠は、神経科学的な段階でも見られます。サイン言語と口語は、主として左脳の活動によって制御されています。脳の左半球にはブローカ野があることが知られています。これは、何か合図を送ったり発話する際に、活性化します。左脳の別な箇所にはウエルニッケ野があり、そこは手話を読み取ったり発話を聴くと、活性化するところです。これに対してほとんどの非言語シグナルの送受信は、右脳の支配を受けています。このように、身体動作には基づいていても言語に基づかない手話のようなサイン言語ですら、言語体系といえるものなのです。つまり、発話とサイン言語は同様の機能を持っているのですが、視線、顔の表情、対人距離、身体接触のような非言語シグナルとは、異なるものなのです。言い換えると、米国手話は正しく実際の言語といえるのですが、非言語システムはそうではないのです。かくして、非言語コミュニケーションは言語とはいえないのです。

さらに、コミュニケーションとしての非言語システムは、「身体」にのみ関わるものではなく、それ以外のものを含んでいます。人が直に接している物理的環境や人工物もまた、他者に何らかの情報を伝達しているのです。メッセージの「発信者」はそこに実際にいるとは限りません。広々とした豪華な造りの重役室と、下っ端の従業員のいる間仕切りされた部屋に歩み入る場合の違いを考えてみてください。自宅や勤め先の壁に貼られた写真やポスター、その他のいろいろなモノもまた、人々の態度やら経験、興味を反映しています。私たちの環境のこれらの特徴は、自分にとって都合のいい判断をしてもらうために操作されうるものでもあります。私たちの身近な物理的な環境の手がかりは、いいかげんな用い方であれ、入念な用い方であれ、それは広範なコミュニケーション・システムの一部なのです。そして「ボディ・ランゲージ」は、このシステムのことを考えると適切な用語ではありませんが、非言語コミュニケーションを改めてどう定義するかのヒントにはなります。非言語コミュニケーションは、「物理的環境、身体、非言語行動を通じて行われる、情報の送受信」と明確に定義できます。

非言語コミュニケーションの普及

ふだん当たり前に行っている他人との付き合いには、非言語レベルでの相互作用が極めて多く含まれています。これは、戸口で相手と自分のどちらが先に通り抜けるか、あるいは、待合室で空いた席に誰が座るのかなどを「交渉する」際にも生じます。また、多くの非言語的な手がかりは、微妙な問題について、友人なり親類にいつ切り出すのが最適な時期なのかについてのヒントになります。ある人が昨日起こったことで頭がいっぱいになっているのか、そのことでまだ悩んでいるのか。このような場合に私たちがとる行動は、その状況の手がかりを慎重に踏まえて下した判断によるものだけではなく、単に相手の行動、すなわち非言語コミュニケーションを読み取っての場合もあります。いずれにせよ、私たちは周りにある何かを用いて常に合図を選んで送っており、また、同様に他人の合図を解読しているのです。

しかし、非言語コミュニケーションは、ただ何かそこにものがある状況でのみ生じるとは限りません。テレビやインターネットを通して思い描くイメージや聴く声なども、非言語コミュニケーションなのです。このように、視覚的、聴覚的な情報を伝えるどのようなコミュニケーション・メディアであれ、それは非言語コミュニケーションになるのです。音声手がかりについて少し説明しておきましょう。たとえば、発話特徴としての音声手がかりには、大きさ、高さ、イントネーションや間があります。これらの手がかりは発話の意味に影響しますが、コミュニケーションの言語面とは別ものです。

視覚的イメージの衝撃の大きさは、必ずしも現代の工学技術の進歩に端を発するものではありません。古代の絵画や彫刻は、その時代の人々に強い印象を与えた視覚的な表現方法だったのです。今日、新聞、雑誌や広告で用いられている説明図や写真などは、人々の思考、感情、行動に今もなお強力な効果を与えています。視覚的な効果の大きさについては「百聞は一見に如かず」と諺《ことわざ》にあるように、広く認められていることです。さらに、新聞や雑誌に載っている写真の衝撃は、人々の生活のあらゆる側面（異文化的なメッセージを含め）に及んでいます。しかしながら、文化による言語の違いは、直接の言語や書字コミュニケーションを難しくするものの、ほとんどの視覚イメージについては翻訳も不要です。2001年にアメリカで起きたテロ以降、9・11のテロリストの写真は、犠牲者や、もっと一般化してアメリカに対する全世界的な同情や犠牲者への支援を急速に促すことになりました。2004年の春、イラクでのアメリカ軍人や軍属による捕虜虐待の写真は、アメリカと世界中に極めてさまざまな反応を引き起こしました。

映画やテレビ、インターネットの視覚イメージは、しばしば写真などの固定のイメージよりも強力です。テレビは、ニュースや娯楽のみならず広告でも主要な媒体です。コマーシャルは内容の如何を問わず、明らかに見た目を強調します。テレビのコマーシャルは、製品についての実質的な情報をほとんど伝えていません。そのかわりに私たちが見るのは、キャディラックに乗り、バド・ライト(＊訳注1)を飲み、トミーヒルフィガー(＊訳注2)の服を着て生活を楽しんでいる、幸せな素晴らしい人々なのです。時には対比的な方略が用いられます。つまり、拒否、喪失、障害を引き起こすかもしれないという、人を動揺させるようなイメージを用いて不安を喚起するものです。言い換えると、ある商品を買うとか、何らかのサービスを得るためにサインをしない限り、人々に悪いことは何も起きようがありません。しかし、これらの多くのコマーシャルは、現実とはあまり似ていないものです。でも、それが私たちの注意を惹きつけ商品選択に影響するので、企業は広告に多額のお金を支出しているのです。

　公共サービス機関、選挙運動、宗教団体や慈善団体はいずれも、対象である視聴者を感動させるための視覚イメージの力に全幅の信頼を置いています。そうするのにはもっともな理由があるのです。いつもはこのような発信をする際に、メッセージの価値にそれほど重きを置いていないものです。むしろほとんどの人は、ある製品もしくはそのイメージをどう〝感じるのか〟には強く影響されがちで、かつ、どう感じるのかは視覚イメージによって容易に操作されるのです。さらに、このような視覚イメージは、言語的メッセージに比べてごく容易に、しかもほんのわずかな時間で、伝えたいこと

＊訳注1　アメリカのアンハイザー・ブッシュ社が生産・販売するビールの銘柄「バドワイザー」のライト製品。
＊訳注2　アメリカのファッションブランド。

を伝えられるのです。「時は金なり」であるテレビ広告の世界では、「事実」よりも視覚イメージが効果的に働くのです。もちろん、テレビで訴えたいことは、実際には広告を通じて事実が伝わることを前提としているのでしょうが。

非言語コミュニケーションの特徴

非言語コミュニケーションは、テレビやインターネットのようなさまざまな媒体形式で用いられていますが、対面の相互作用ではとりわけ有効です。その特徴は、言語コミュニケーションと比べると対面での接触で、その違いは明白です。では、言語コミュニケーションと非言語コミュニケーションとの違いを、詳しく明らかにしてみましょう。言語コミュニケーションは間欠的で、規則に強く依存した事象です。丁々発止となされている会話の最中でさえ、言語チャネルは時々用いられない時間があるので、間欠的といえるのです。つまり、常に誰かが話し続けているのではなく、発言しない間というものがあるのです。さらに、誰かと一緒に食事をする、家族と一緒にテレビを観るなどの場合には、長いことほとんど、あるいはまったく会話をしない時間がよくあります。このように、誰かと相互作用していたとしても、長いこと言語チャネルが働いていないことがあるのです。また、言語コミュニケーションは、互いに発言権を交代し合う際に典型的に働くような規則によって運用されているものです。互いに同時に発言権を得ようとする際にはこの規則がうまく働かないという例外も、時にはあります。

非言語コミュニケーションの基本となる第一の特徴は、非言語チャネルは社会的状況において常に「働いている」という点です。視覚的、聴覚的、触覚的そして嗅覚的情報が発揮される機会がある限りは、非言語チャネルはいつでも使われているのです。たとえその人の行動が何も変化しない場合でも、です。その人が長いこと身体を動かさないとしても、どのような姿勢をしているのかだけで伝わるものがあるのです。非言語チャネルは常に開かれてはいますが、社会環境のあらゆる情報を処理しているとは限りません。注意は、対象を選んでなされます。そして、自分が関心を持つ、自分のためになる事柄を知らせてくれるのです。たとえば、採用面接では、いかに望ましい印象を与えるかに関心があり、最初のデートでは、相手のちょっとした行動に敏感なのです。それに比べて、マクドナルド店でレジ係の行動に同様な変化があったとしても、おおかたは無関心です。

対面場面での非言語コミュニケーションの第二の特徴は、第一の特徴に直接結びつくことです。言語コミュニケーションに比べて非言語チャネルの送信と受信は、同時になされます。たとえば、自分の身体だけでも相手に何らかの情報を伝えると同時に、そうしている自分自身の様子、どんな行動をしているのかからも、自分でも情報を得ているのです。つまり、送信と同時に受信している過程があるのです。実際に、他人とうまく接触するために、このようなことを繰り返しているのです。教室場面でよく見られることですが、一人だけがよく話をするのに他はただ聞いているというような、非相称的な相互作用でさえ当てはまります。たとえば、授業場面で、明らかに私だけがコミュニケーションの受け手であるよりも送り手になっていることがあります。でも、私は学生の反応を監視しなければならないので、送り手としてだけでいるわけにはいかず受け手の立場も重要なのです。つまり、学生はしっかりと注意を向けているのか、私の言うことを理解しているのかということをです。これに対して、学生はコミュニケーションを受け取る立場により関心があるでしょうが（私の希望的観測ですが）、自分の行動を管理することにはさっぱり関心がないはずです。このことを示す興味深い事例として、明らかに教室のマナーに反することなのですが、教室で携帯電話やブラックベリー(＊訳注3)を使用する学生が増えてきていることが挙げられます。携帯電話やブラックベリーを使い続ける学生は少数いますが、教室で隠れて携帯電話などでメッセージを送ったり、おおっぴらに携帯電話に注意を向けるのは、少々難しいことです。ですが、このような双方向になっていない（非相称的な）相互作用であっても、非言語コミュニケーションを同時に送る・受け取ることは、教員と学生の両方に影響することなのです。でも、教員と学生間で発話を同時に送り・受け取ることは、極めて管理し難いでしょう。

非言語コミュニケーションの第三の特徴は、非言語メッセージのほとんどの送受信は、意識を超えて自動的に行われていることです。相互作用の非言語的な側面の大部分を、私たちは「考えて」いません。人の行動は案外簡単に生じ、印象は迅速に作られます。このことは、どんな予兆もなしに迅速

＊訳注3　カナダの通信機器メーカーが開発したスマートフォン。ビジネスマンに人気がある。

に淡々と経験されがちです。これに対して言語コミュニケーションは、情報の送信・受信のどちらの場合でも注意を向けることが必要です。ごくありふれた気楽な会話であっても、自分が言っている内容を確認し、会話相手の言っていることを聞くことに、ある程度注意を向けることが必要です。もっと複雑な会話の場合や外国なまりの強い人の話を聞く際には、言語内容を理解するためにかなりの認知的努力が必要になるはずです。それに対して、ふだんの非言語コミュニケーションの送受信は、特に意図的な調整なしにされています。

機能論的な立場からしてもこれは妥当なことです。行動を管理し判断を下す際に、なぜ努力せずに非言語コミュニケーションが有効なのでしょうか。ほとんどの人は、不要なことはいつも避け、時には判断を下したり行動を管理するための努力すら避けてしまう認知的な倹約家であることを、上記のことはよく示しています。したがって、認知資源は、相手や、さらには要求される関心事に向けられやすくなるのです。非言語コミュニケーションは認知的に有効であること、これが第四の特徴です。それゆえ、職場で任務を管理したり自宅で雑用をしている最中に、些細《ささい》な非言語シグナルをうまく表したり、身の周りの事柄から合図を受け取ることができるのです。

このように、相互作用で何か認知的に障りがあったとしても、非言語行動は発動され続けるのです。このような過程では偶然の間違いも起こり得ますが、社会的環境にて、最少の努力で公正に、非言語的な面で相手とバランスをとってうまくやっていけるのです。ただし、認知的な努力が増大すると、実際には非言語コミュニケーションのうえでは、逆効果になることがあります。メッセージを送る側としては、自分たちの行動を管理する努力がますます必要になる際には、真実からまったく遠い結果になったり、自発的などとはとても言えない結果になったりしてしまいます。同様に、非言語コミュニケーションを受け取る側からすると、他人の行動がどのような意味を持っているのか考え過ぎると、深く考えずに自動的に相手を判断する際に比べて正確さが低減しかねません。したがって、日常では、非言語コミュニケーションの送信・受信について考え込むのがいい、ということにはならないのです。

非言語コミュニケーションの最後の特徴は、相手との対面での接触に特に限定して当てはまることです。つまり、多少の例外を除いて、非言語コミュニケーションは今ここでなされることなのです。話しことばや書きことばでなされることとの大事な利点の一つは、過去の出来事に言及したり分析することや、将来についてあれこれ考えを述べることが可能になることです。これに対して非言語行動パターンは、ごく最近の出来事や間近に起こりそうなことに結びつく体験の、ごく狭い一部について伝えるのが典型的です。遠い昔の楽しい出来事を思い起こして笑みをこぼすことも、あるいは、来週予定されているあまりおもしろいとも思えない会合がゆううつなのでしかめっ面になることもあるかもしれません。しかし、非言語行動の大部分は、今体験しつつあることについての何かを示しているのです。言語は、過去や未来についての出来事を伝えたり、分析する情報を提供してくれるのですが、言語には、今ここでなされている社会的接触を管理する際の、非言語コミュニケーションの直接性、効率性や能力に欠けています。

以上をまとめると、第一に、非言語コミュニケーションは言語とは異なって、社会的状況において常に「発動」されています。第二に、送信と受信チャネルは同時に働きます。第三に、ほとんどの非言語ミュニケーションは自動的で、意識しないままに生じます。第四に、自動的になされる結果、非言語コミュニケーションは認知的に効率がいいのです。したがって、非言語的な情報の送受信が他人との相互作用場面でなされている間は、注意はあまり働かずにすむのです。最後に、非言語コミュニケーションは、現在進行形の対人接触の仕方を管理することに焦点が当てられているのです。

本書では、機能論的な視点に立って非言語コミュニケーションを説明します。つまり、非言語コミュニケーションの効用と、どのようにその多様な機能が非言語コミュニケーションに現れるものなのかについて扱っています。また、非言語コミュニケーションの原動力に内在している過程を理解することも大事です。しかし、非言語コミュニケーションの複雑さを、どのように見極めればいいのでしょうか。また、世の中で非言語コミュニケーションが巧妙に用いられている方法についても、知ることができるでしょうか。この質問に答えることは、人が何を発見するのかのみならず、それがいかに妥当であるのか、注目すべき利点は何かを示すことにもなるのです。したがって、次章では、非言語コミュニケーションを〝どのように〟理解するのか、非言語コミュニケーションに影響を与える過程について検討します。

第2章　どのようにして知るのか

私が、非言語コミュニケーションではなく、宇宙の性質について執筆していると想像してください。さらに、自分では天体を望遠鏡で見たこともなく、天文学の研究もよく知らないと思ってください。それでも、夜空から星が消えつつあることを確信しています。なぜだと思いますか。それは50年前と比べると、星の数が最近減っていると思うからです。しかし、自分の経験をいかに強く主張しても、あなたにはこれを信じてもらえないでしょう。実際、私の判断には、そう思ういくつかの理由があるのです。おそらく私が10代のときに見た記憶は、不正確なのでしょう。また、私がシカゴから30マイル（約48キロメートル）も離れた農村で育ち、そこは大気汚染の程度が低く、現在のセントルイスよりも視界は良かったのでしょう。さらに昔の田舎は、家、工場、幹線道路からの光も少なく、かすかな星の光が邪魔されることもなかったのでしょう。そのうえ、私の視力も50年前よりも悪くなっているのでしょう。このように、私が自分の経験をいかに強く信じていても、それだけでは信頼性には欠けるのです。

しかし、この本のテーマはそうではありません。非言語コミュニケーションはどのみち日々の生活の「当たり前」の事柄なのです。特殊な器具で非言語コミュニケーションを観察する必要はありません。対面で行う相互作用はどこでもなされていることですし、それの中身はほとんど非言語コミュニケーションによるものなのです。このことは誰もが経験しているのです。だからといって、非言語コミュニケーションの働きを理解するのに、自分の経験だけで十分なのでしょうか。そうではないのです。その理由を、非言語コミュニケーションを送る立場から考えてみましょう。

自分がどう振る舞って、その行動が他人にどのように影響しているかがわかる、という人がいます。実際、セルフ・モニタリングというパーソナリティ次元が高い人は自分の行動をよく知っており、他人に影響を与えるのが上手です。セルフ・モニタリングの高い人は、状況の要求に合わせて自分の行動を変えるのが上手なのです。成功している政治家、俳優、セールスマンは、セルフ・モニタリングの高い人が多いです。しかし、このような敏感さというのは、自分の細かい表情を意識していることと同じではありません。たとえば、相手をどれぐらい長く見つめているとか、自分の身振りの特殊な形とか、タイミングなどです。私たちは自分の行動を実際にはほとんど見てはいません。つまり、鏡やビデオで撮って見なければ自分の行動を見ることはできないのです。

私たちが自分の本心を隠そうとするとき、自分がしていると思っていることと実際にしていることは違っています。たとえば、微笑して失望を隠そうとする場合でも、あなたをよく知っている人は、どこかおかしいということにすぐ気づきます。私たちは相手に送っている信号の、せいぜいごくおおまかな輪郭程度しかわかっていません。したがって、自分の経験だけでは、非言語コミュニケーションを送る側の特殊な細部までは知ることはできません。

非言語コミュニケーションを受け取る側を理解するのに、個人的な経験だけに頼るというのも十分ではありません。しかし、特別に注意深くて洞察力のある人は、他人の印象をどのように形成しているかを説明できるでしょうか。この良い例は、アーサー・コナン・ドイルの小説に出てくるシャーロック・ホームズです。ホームズの観察力と鋭い洞察が、非常に難しい事件を解決します。読者はワトソン博士と同様に、一見何でもない些細《ささい》なことから論理的必然的に犯人を探り当てることに驚きます。しかし現実の世界では、他人についての判断のほとんどは、ホームズがしているような非常に慎重で思慮深い分析の結果ではありません。つまり、他人の見かけや行動の細部に注目し、それらの細かい情報を統合し、重要度を考慮して印象を形成するような、意識的な判断ルートではありません。これは、非言語コミュニケーションの無意識的な判断ルートとはかけ離れています。たとえば、新たな隣人に会うとき、見かけとか行動特徴を頭の中のチェックリストに当てはめ、それに基づいて情報を統合して判断しているわけではありません。むしろほとんどの印象は、瞬時に、しかもほとんど努力なしに形成されています。印象形成の多くが自動的に意識せずに行われているので、この過程を論理的に分析することができません。非言語コミュニケーションが生じていながらそれを意識することができないとしたら、どのように分析できるのでしょうか。

このように、非言語コミュニケーションの送信や受信を理解するには、私たちの単なる個人的な経験にのみ頼ることはできません。それにもかかわらず、一般向けの書は「ボディ・ランゲージ」について述べるときに、研究ではなく個人的経験や興味ある事柄をよりどころにしています。著者が精神科医、心理学者、コンサルタントなどの熟練した専門家でも、私たちと同じように自動的な過程に影響を受けています。しかし専門家は、自分の経験がこれらの自動的な過程へ、意識的な洞察を向けることができると反論するかもしれません。つまり、前に自動的であったものを意識して分析できる、というわけです。おそらくそれは可能でしょう。しかし、多くの研究によると、注意深い意識的な認知過程は、自動的な認知過程とは非常に異なっています。言い換えれば、意識的に分析をして自動的な過程を再構成したり、それに近いものを見ることができるかどうかわかりません。さらに、二つの異なるタイプの過程から得られた判断は、相互に異なっているかもしれません。このように、非言語コミュニケーションに関する一般書や雑誌が、個人的な経験の意識的な分析に基づいている限り、それらが私たちに教えてくれるのは、非言語コミュニケーションがどのように働いているかについての、不完全な像にすぎません。本書は非言語コミュニケーションの通俗的な扱い方とは異なっています。つまり、非言語コミュニケーションの興味深い事実を、単に羅列してはいません。非言語コミュニケーションというのは、実際、複雑なシステムです。これにはいろいろな行動が含まれます。これらの行動はいろいろな決定因により形成され、対人的な目標達成に役立っています。何十年もかけて積み重ねられた膨大な量の研究結果に基づいて、非言語コミュニケーションのシステムが理解されるのです。

研究に基づく分析

科学的な研究は、同じような方法でそれぞれの問題に取り組んでいます。たとえば、病気を予防すること、新しいエネルギー源を開発すること、非言語コミュニケーションがどのように働いているかを発見すること、などです。方法の最初の段階は、当該の現象の観察と記述から始まります。現象や過程がどのくらい頻繁に、どのような状況下で起きているか、また、その現象がどのように展開しているのか。これらの問題について、多くの情報が注意深い観察によって得られます。しかし、まだ因果関係の疑問に答えるには不十分です。また、もっと根本的な底流にある過程の境界条件(*訳注1)を決定するにも不十分です。生物学、化学、物理学などの自然科学で因果関係を決める標準的な方法は、統制実験です。これらの学問では、特定の変数の効果は、その他の影響を排除したり注意深く統制されている状況下で調べます。たとえば、ある薬品の潜在的な効果や害を調べるのに、その薬を服用する人と服用しない人を単に比べるだけではわかりません。なぜでしょうか。この二つの集団は、薬の効果に影響しているさまざまな要因が異なっているかもしれません。おそらく薬を服用する人は、自分の

*訳注1　無数の正解が考えられる場合、一定の条件を課すことによって一つの正解が指定できる。その条件を指す。

健康に関心が深かったり、薬を服用するだけでなく、ダイエットや運動についても関心を持っているとも考えられます。たとえ薬に効果がない場合でも、ダイエットや運動が健康を増進させているかもしれません。逆に、病気が重く、不快な副作用にすすんで耐えられる人だけが薬を飲んだとしましょう。この場合は、数カ月後に、たとえ薬がある程度の本当の効果を示したとしても、服薬したグループの平均的な健康状態は、服薬してないグループよりも悪いかもしれません。綿密に計画された研究では、参加者たちを無作為に、効き目のある薬の条件またはプラシーボ条件に割り当てます。この研究を始める前に、参加者には、本当の薬またはプラシーボ条件のどちらかに割り当てると説明しています。そして、このような条件だが研究に参加するかどうかの同意を求めます。このような実験を計画することで、研究者は比較的自信を持って、二つの条件の間の違いが薬の効果であると結論づけることができます。実際に最近、注意深く統制された実験で、ある薬の効果がなく、むしろ悪い効果があることも示されました。つまり、これまで重要だと思われていた薬の効果が否定されることがあったのです。

それにもかかわらず、処置後に患者の状態が良くなってもならなくても、ほとんどの人が良くなる場合、効果があると主張する人がいるかもしれません。もし、処置を受けたほとんどの医学的介入は同じ結果が得られるのに、実験に時間やエネルギーやお金をつぎ込む必要はないように思えるかもしれません。実際そうでしょう。しかしここで、明らかに患者を助けた手術についての実験例を見てみましょう。具体的にいうと、この実験は、膝の骨関節炎に関節鏡視下手術(＊訳注2)をする効果を見るものです。この手術を受けた後、ほとんどの患者が良くなったと報告しています。では、それをすでに知っているのに、なぜわざわざまた実験するのでしょうか。手術は、膝の関節を良くするという目的を達成することは明らかです。ですが、良くなった主な要因は何か、そしてもっと大事なことは、何と比較して良くなったかということです。この二つの疑問に答えるために、モーズレー病院の研究者チームが、膝の骨関節炎を持つ患者180人を集めて、三つの条件がある実験に参加してもらいました。参加者には、3分の1の確率でプラシーボ手術を受ける可能性があるということを、十分に説明しました。同意した参加者を無作為に、三つの条件のうちの一つに割り当てました。三つの条件とは、洗浄条件、壊死組織除去条件、プラシーボ条件です。プラシーボ条件では、壊死組織除去条件と同じような準備がされました。また、手術中に参加者がプラシーボ条件だとは気づかないように、手術の手続きや手術中の音も同じように行われました。膝には3カ所小さく切開をしますが、器具の挿入はまったくありませんでした。プラシーボ条件患者は実際の手術条件の患者と同じ期間手術室へ入り、病院で一泊します。看護師たちはどの条件の患者であるか知りません。このように、手術を取り巻くあらゆる状況が、実際の手術条件とプラシーボ条件とで同様にしてありました。

実験後24カ月たってから、全患者について質問紙と活動や機能の測定がなされました。その結果、痛みの報告や実際の運動機能について、条件間の違いはありませんでした。このように、膝の関節炎

＊訳注2　直径1～4ミリの細いカメラや器具を関節内に挿入して行う手術。

治療に関節下鏡手術が有効であるという興味深い証拠は、間違っていたのです。この研究実施時には、30万人以上のアメリカ人がこの手術を受けていました。10年前、この手術には5千ドルかかっており、実際の効果はない手術に、年間合計15億ドル以上がつぎ込まれていました。こういったことから、上記のような診療行為は有益だという「周知の事実」についても、実験する意義があります。

この例は、実験的方法が因果関係の問題に対処するのに有効なことを強調しています。自然科学におけるほとんどの実験的研究のように、非言語コミュニケーションの実験的研究も普通、実験室の中で行われます。そこでは、諸条件を厳密に統制し、行動を注意深く測定します。人間の行動を実験して研究するのは、実験室で生化学的な反応や遺伝子を取り扱う研究とは非常に異なっています。人が観察したからといって、化学化合物や遺伝子が反応を変えるとは誰も思っていません。しかし、人間となるとそうはいきません。人間は実験室での経験について考えることができるので、実験者が予想しないような方向へ行動が変わることがあります。さらに実験室が、実験参加者の家、学校、職場などと違っていればいるほど、その行動は特殊なものになるかもしれません。このように、精巧に統制された実験室実験での結果は、私たちが理解しようとしている現実の世界へは、必ずしも当てはまらないかもしれません。

実際、統制を保って因果関係を決めるということ（内的妥当性）と、結果の一般性を保証するということ（外的妥当性）の間の対立は、研究方略における学問の違いに反映されていることがあります。概して心理学者やコミュニケーション研究者は、結果の一般性よりも因果関係を決めるときの統制や正確さに関心を持っています。したがって、心理学者は実験室実験を好むようです。これと対照的に、文化人類学者や社会学者は、正確さや統制よりもむしろ結果の一般性について関心を持っているようです。したがって、彼らは自然に起こっている相互作用を観察して、行動パターンを探求します。

私は、この対照的なアプローチを意識させるある出来事を経験しました。1967年に、ノースウェスタン大学で心理学の学位論文に取り組んでいたとき、エドワード・T・ホールという著名な文化人類学者が、人類学の教授として赴任してきました。彼は空間行動研究のパイオニアの一人です。彼の二冊の著書、『沈黙のことば（*The Silent Language*）』と『かくれた次元（*The Hidden Dimension*）』は、ともに古典的名著です。ホールの専門は、私の研究テーマでもある社会的相互作用における空間行動でした。しかし私は、あえてホールを、自分の学位論文審査団の一人として頼むことはしませんでした。ホールがもし審査者であったら、二人の学問的アプローチの違いのために、自分がしたいと思っていた研究ができないのではないかと思ったからです。学位論文を完成させ、最初の論文が雑誌の掲載許可を得たときに、私は勇気を奮ってホールの研究室を訪ねました。ホールに私の論文の一つを渡し、それについて話ができるかどうかを尋ねました。ホールは喜んでそれを読んでくれ、私に会ってくれました。しかし、ホールはそっけなくこう言いました。「面白い論文だね。だけど実験までする必要があったのかね……」。その時点で、私は心理学部へ引きこもってしまいました。そこは実験的研究を好意的に迎えてくれるからです。

しかし、実験的研究の長所と自然観察の長所を釣り合わせる方法もあります。たとえば、一部の研究者は、これらの相互作用が日常起きているフィールドで実験をしています。私の初期の研究では、見知らぬ人に非常に近い距離まで接近された場合、人はどう反応するかを調べました。この空間侵入実験を実験室と現実場面で行いました。現実場面は大学の図書館です。比較的、学生が少なく、図書館のテーブルに一人で座っている、夕食の時間帯に実験を行いました。まず一人目の助手が、学生が一人で座っているテーブルへ近づきます。そして、学生から一つか二つ、または三つ離れた席、あるいは真向かいに座ります。次に二人目の助手が、学生から二つあるいは三つのテーブルを隔てた席に座り、侵入者（実験協力者の助手）に対する学生の反応を観察し、記録します。結果は、二つの近い条件すなわち、一つ席をおいた隣と、真向かいに座られた学生は、不愉快になりました。多くの場合、学生は侵入者から身体を背けたり、腕で侵入者を遮《さえぎ》りました。

私たちの最近の研究でも、同じようなフィールド研究を行いました。歩行者の出会いの研究です。私は、公共の場面で見知らぬ人同士がつかの間の相互作用をする場合に、非言語行動がどのようにその相互作用を促進するのかということに、興味を持っていました。そこで、歩道で歩行者同士が接近してすれ違うときに起こる微妙な反応について研究することにしました。このような出来事は実際、2、3秒の間に起きます。そしてこれらの出来事は、社会的規範について知る手がかりとなり、見知らぬ他人に、人はどのように対応するかということも教えてくれるかもしれません。私たちの実験では、まず一人の助手（実験協力者）が、一人で向かって来る歩行者に対して、「視線を避ける」「視線を向けるだけ」「視線を向けて微笑む」という三つの条件のうちの一つを行います。この行動は、助手と参加者がおよそ10フィート（約3・05メートル）から12フィート（約3・66メートル）離れたところで行われます。これは、向こうから近づいてくる他者に視線を向けたり微笑んだりする普通の距離です。2人目の助手（観察者）が、最初の助手から30フィート（約9・14メートル）後からついていって、10フィートのすれ違い範囲で、歩行者が示す反応を観察します。その結果、実験協力者の微笑は、向こうから来る見知らぬ歩行者が視線を向けたり、微笑んだり、挨拶することをひき起こすのに非常に大きな力を持っていることがわかりました。また、この研究では、文化の違いも非常に大きいことがわかりました。これについては「第6章　相互作用の調整」でより詳細に述べます。

実験室でしかできない研究もあります。たとえば、接触に対する生理的な反応を研究する場合には、参加者にさまざまな測定器具を取り付けなければなりません。いろいろな視覚的な提示に対する表情の素早い変化をビデオに撮る場合にも、実験室が必要です。非言語コミュニケーションの神経ニューロン・イメージングとか、バーチャル・リアリティの研究も実験室でしかできませんし、研究費も得やすいです。しかし、高価な器具を使わなくても、多くのことを知ることはできます。研究に挑戦する醍醐味のひとつは、問題に取り組む新しい方法を開発することです。本書では、非言語コミュニケーションを理解するとともに、非言語コミュニケーションをどのようにして知るのかという研究の基礎についても検討します。

一般的な出版物には、非言語コミュニケーションに関する題材が多くあります。ハウツー物の本や雑誌で、「ボディ・ランゲージ」の有効性に関するさまざまな問題について書かれています。ですが、これらの書物のほとんどは、ある特定のチャネルや行動だけについて述べています。たとえば、ある雑誌に、「今のあなたの姿勢は、何を表しているのでしょうか」とありました。そうですね、もしあなたが横になっていたり、いびきをかいているなら、あなたが眠っていることを表しています。あるいは、「あなたの表情は相手を怖がらせていますか」。そうですよ、もしあなたが怒鳴っているのならね。今示した冗談交じりの例では、そのような問題に対する重要な限界を指摘しています。特にある行動はそれ単独では決して起きません。その行動の意味は、より大きな行動の文脈のなかで決まります。多くの教科書は、チャネル・アプローチを採用しています。つまり、導入の章が一つか二つあって、その後、空間行動に1章、次に視線行動に1章、そして顔面表情にもう1章、そしてジェスチャー、接触などと関連のある情報が網羅されています。

　こういうやり方は確かに便利で単純な方法で、非言語システムのいろいろな要素を網羅しています。しかし、私たちは非言語のメッセージを、一つのチャネルだけで送ったり受け取ったりするのではありません。むしろこのシステムのなかで、構成要素がどのように関係し合って、非言語の広い型を形成するかを考えなければなりません。もちろん、10や12個の行動の構成要素の、異なるレベルのあらゆる可能な組み合わせを見つけて分析することは、不可能です。しかし、行動の統合されたパターンの影響と意味について、敏感になることはできます。

　非言語システムの理解には、単に非言語メッセージの送受信を表す以上のものを含んでいます。このようなパターンが〝なぜ〟起きるのかを理解することが重要です。同時に、非言語コミュニケーションは恣意的で非論理的であるように見えますが、そうではありません。本書は機能的なアプローチをとり、日常生活での非言語コミュニケーションの効用を強調しています。言い換えると、非言語コミュニケーションは人類という種のレベル、また個人のレベル双方において、私たちの何の役に立っているのかということです。次章では、非言語コミュニケーションの要素を検討して、機能的アプローチの基礎づけをします。つまり、非言語システムを構成している要素的な手がかりや行動を検討します。この検討でも、個々の手がかりや行動がどのように組み合わされて一般的なパターンを形成し、非言語コミュニケーションの意味を伝えているかを強調しています。

第3章 非言語コミュニケーションの構成要素とパターン

非言語コミュニケーションのシステムには、相対的に安定している要素と動的な要素があります。つまり、短期間に変化しない要素もあれば、とても変化しやすい要素もあるのです。本章では、非言語コミュニケーションにはどのような要素があるかを紹介します。ただし、それぞれの要素は、単独ではめったに現れないことに注意しなければなりません。むしろ、それらの要素は、より大きく複雑なシステムの一部なのです。したがって、通常非言語コミュニケーションの意味や影響は、要素レベルではなくパターン・レベルで生じます。たとえば視線の意味は、そのときの表情や相手との距離、姿勢や動作によって変わります。つまり、私たちはパターン全体を構成しているすべての要素を組み合わせて、考えなければなりません。それとともに、どのような人物がどのような状況に置かれているかということも、非言語コミュニケーションの意味に影響するのです。

本章でははじめに、非言語コミュニケーション・システムの安定している要素に注目します。これらは短期的には変化しにくいものの、長期的には変化する可能性があります。たとえば、会話している間にオフィスの家具や配置が換わることはないですが、そのうち家具を交換したり動かしたりすることはあり得ます。次に、コミュニケーションのやり取りのなかで生じる、動的で変化に富んだ要素に目を向けます。最後に、社会的状況のなかで、要素がどのようにして組み合わさって非言語コミュニケーションのパターンを形成し、意味や影響を持つのかを一緒に見ていきましょう。

変わりにくい特性

◉デザインと配置

すべての対面コミュニケーションは、特定の環境のなかで起こります。自宅やオフィス、たくさんの公共空間において、私たちのコミュニケーション・パターンは環境の物理的なデザインと家具の配置によって、文字どおり制約を受けます。単に相手と離れて座っただけでも、相手の近くに座るよりも物理的な距離を補うために大きな声で話し、相手に多くの視線を送らなければなりません。家具の配置やデザインはコミュニケーションを促進したり抑制したりするので、環境づくりは重要です。

ビジネスの世界、少なくとも西洋のビジネスの世界では通常、組織構造は階層的で、社会的地位と権力によって仕事場の大きさと場所が決まります。経営者はたいてい、見晴らしの良い開放的な窓のある、最も大きい魅力的な部屋を持っています。対照的に下っ端の従業員は、小さな間仕切りの中に机を置いてもらうか、大部屋を共同で使います。家具の種類や配置からも、その人の社会的地位や権力を知ることができます。堂々とした大きな机は上司と部下の距離を広く取らせますし、来客用の椅子が机の対面に配置されていれば余計にそうなります。また、椅子が机に対面配置されると、机の脇に斜めに配置されたときに比べて、相手に親しみを感じにくくなります。部下が上司を「見上げる」ようにするため、来客用のシートは実際に低くなっていることがあります。これは、上司が部下に対して影響力を持ちやすいように、戦略的にデザインされているのかもしれません。

何年も前のことです。学部長としての任期が始まり、私は意を決してオフィスの再配置を行いました。前学部長はオフィスの奥の壁に並行して、大きな木製の机を置いていました。来客用の椅子は学部長席の真向かいです。私は、机をはさんだ向かいに椅子を置くことに加えて、机の横にもう一つ来客用の椅子を置けるように、机を側面の壁のほうに動かすことにしました。また、中くらいのサイズの丸テーブルと椅子四つを、部屋の反対側に置きました。配置前と後の様子を図3-1に示していま す。私が机のところに座っていれば、来客は斜め向かいの席か真向かいの席のどちらかに座るでしょう。私は来客を丸テーブルに座るよう勧めることもできます。複数名の来客があったときや、一緒に見たいものがあるときは、丸テーブルに座るのが便利です。

自宅の生活空間の配置も、コミュニケーションに影響します。家にはパーティーをするための部屋がいくつかあり、その部屋の選択は、コミュニケーションの気楽さや形式に影響します。台所テーブ

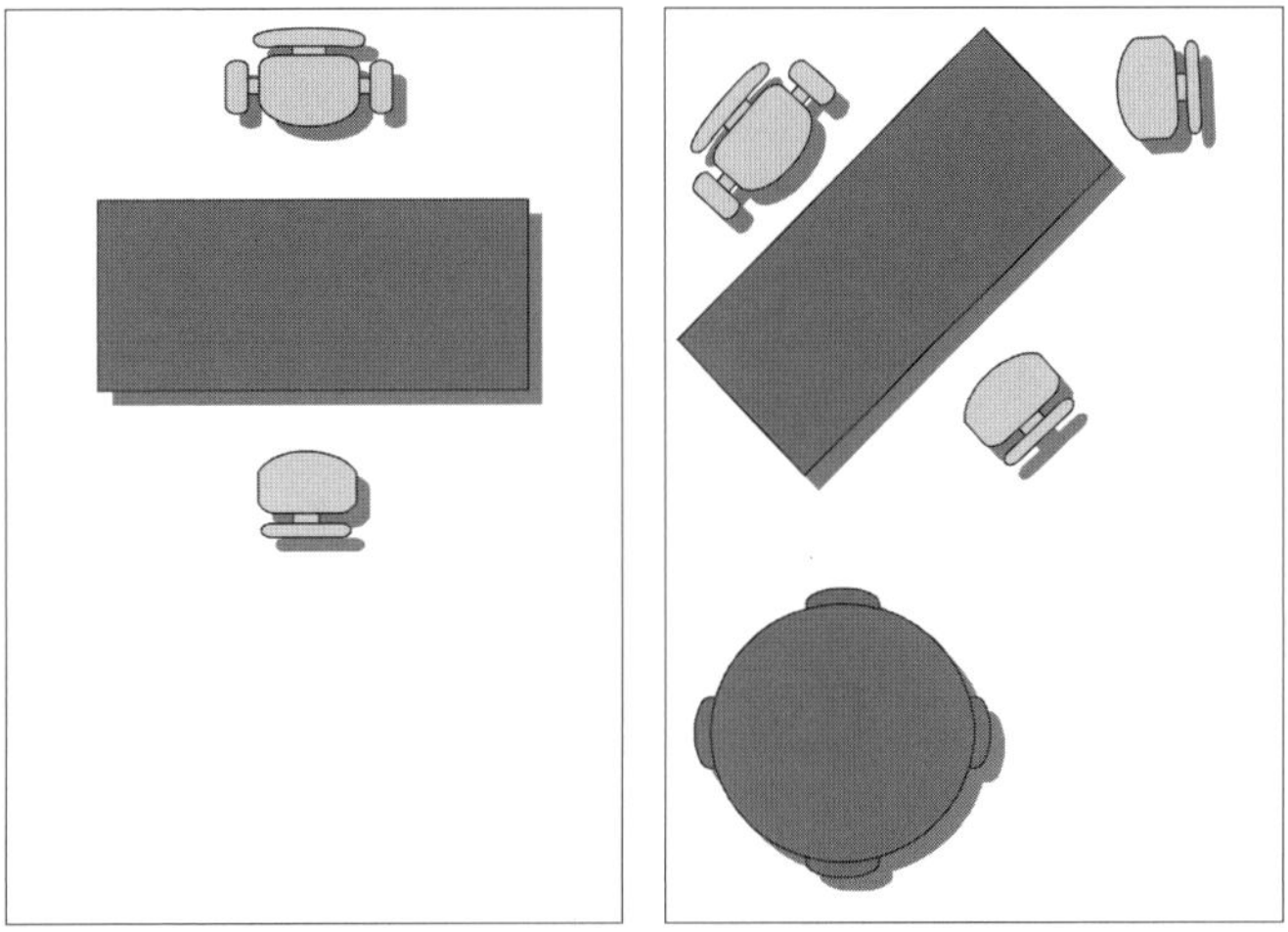

図 3-1　学部長室の配置転換前後の様子

ルを囲むざっくばらんな雰囲気を好む人もいれば、もっと改まったリビングルームを好む人もいます。さらに、来客に応じて部屋が使い分けられるかもしれません。リビングやダイニングは大事な訪問者と会うために使い、台所や片付いていない部屋は、家族や親しい友人と過ごすために使うかもしれません。会う前から部屋の環境は私たちに物理的制約を課し、これから行うコミュニケーションの性質を予感させます。

また、物理的環境によって補完的に情報を伝えたり得たりすることは、居住者と訪問者双方にとって適応的です。実際、部屋の様子には自分らしさが表れるし、他人の部屋を見れば、そこで何を期待されているかを知ることができます。たとえば、写真や卒業証書、絵画、工芸品には、その人の経験や態度、関心が表れます。また、訪問客も周囲に気を配ることで不確実性を弱め、居住者とのコミュニケーションに統制感をもたらします。つまり、訪問客は居住者に何を期待するべきなのかがわかるのです。

◉外見

「外見で中身を判断してはいけない」。他人の印象を形成する際の、常識的な良いアドバイスに思えます。言うまでもなく人間は複雑で、外見だけを見て「本当は」どんな人物なのかを知ることはできません。時間をかけて行動を観察して、ようやく自信をもって他人を判断し、過ちを最小限にすることができるのです。ただ、残念ながら常識的なアドバイスには、二つの問題があります。一つ目の問題は、私たちが好むと好まざるとにかかわらず、他人に対する判断は自動的に行われてしまう点です。つまり、誰かに会い、情報を得て、判断を保留にすることが、私たちにはできないのです。もう一つの問題は、外見には他人についての役立つ情報が存在している点です。外見からわかる身体情報を手がかりにして、私たちは他人の性別や人種、年齢を素早く判断しています。体重や身長など、他の身体的特徴も判断材料になります。服装についても、社会的地位や民族性、宗教、職業が反映します。一般的に、私たちは他人が自分と似ているかどうかに敏感です。

私たちがこの種の判断を行うのは、それが適応的で、たいていは正確であるためです。外見の特徴は手がかりではありますが、完全なものではありません。しかし、どんな人物かを知るうえで役立つ指標なのです。この情報を用いれば、その人とどのように関わればよいかをうまく予測できます。外見は行動ほど変えることはできませんが、他人に影響を及ぼすために、時間をかけて戦略的に修正することが可能です。服装や身だしなみによって外見的魅力を増したり、大人っぽさや支配的な印象を与えることができます。昔のコルセットやガードルは、技術の進歩によって「ワンダーブラ」(*訳注1)や、平らなお尻を丸く魅力的な形に見せるジーンズに代わりました。外見の魅力を高めるために、大勢の人々がエクササイズやダイエットに励んでいます。かつて裕福な人たちだけが用いていた美容整形手術は、今や大衆に普及しています。禿げ頭には植毛をして、脂肪は吸引・除去することができます。ボトックス(*訳注2)と新しいレーザー技術を使えば、醜い皺《しわ》を取り除き、見た目を若返らせることができます。外見を良くするために人々が費やしている時間や労力、金額を見れば、外見の魅力の重要性は明白でしょう。美しさは単に表面的なものかもしれませんが、それにはそれだけの価値があるのです。

ダイナミックな行動

いつも変わらないコミュニケーションの特徴は文脈を決め、これから先にどんなことが起こるのかの期待を生じさせます。しかし、社会的状況で行われる人と人のやり取りは、複雑でダイナミックな

＊訳注1　イギリスで誕生した胸の谷間を強調するブラジャー。
＊訳注2　ボツリヌス毒素から抽出した成分を注射することによって筋肉を弛緩させ、皮膚の皺を抑えることで、若返り的な効果をもたらす方法。

行動の産物です。相手が親友であろうと、エレベーターに乗り合わせた見知らぬ他人との沈黙の数秒間であろうと、そのやり取りの中心は非言語コミュニケーションになります。すなわち、非言語メッセージを伝え、受け取ることは、コミュニケーションを制御して各自の目的を達成するための、適応的で迅速なプロセスなのです。だからといって、満足な結果がいつも得られるわけでもありません。言語コミュニケーションによって人々が互いを理解し、意見がまとまるとは限らないように、非言語コミュニケーションでも人々が互いに好意を抱いて協力するとは限りません。はっきり言えるのは、規則性と予測性と効率性の観点から、私たちの世界に非言語コミュニケーションが必要だということです。

●対人距離と向き

すでに述べたように、デザインと配置によって人々の空間行動や位置が決まります。つまり、利用可能な空間や環境のデザイン、家具の配置すべてが、空間行動や位置取りに関する私たちの選択に制約を課すのです。それでもなお、私たちは空間行動や他人に対する向きを絶え間なく調整します。このことは、行動を変化させやすい、立って行うコミュニケーションに特に当てはまります。対人距離と向きは、他の非言語コミュニケーションに直接影響します。たとえば、身体を傾けたり伸ばしたりせずに他人に触れるには、1メートル未満まで近づかなければいけません。また、相手のささやく声を聴くには、15センチ未満のとても近いところまで近づく必要があります。対照的に、相手との距離が離れるにつれて発話の声が大きくなり、相手のほうを向くようになり、視線量も多くなります。実際、それらの行動の変化は、対人距離の増大を補っているのです。

非言語コミュニケーションの話のなかで、〝パーソナル・スペース〟の概念は一般によく知られています。パーソナル・スペースは、他人と快適な距離を保つのに役立つシャボン玉に例えられてきました。しかし、実際は、自分と他人の間にはパーソナル・スペースもシャボン玉もありません。むしろ私たちの空間行動は〝インターー〟・パーソナル（対人的）なものです。他人と繊細な駆け引きを行い、相手や状況に応じて空間行動は変化します。パーソナル・スペースが安定していない点を認識することも大切です。他人とコミュニケーションするとき、私たちの空間的指向性は一つではないし、ずっと同じでもありません。どのような空間行動を好むかは、相手や状況に応じて異なります。加えて対人距離は、対人的な関わりが反映される大きなシステムの一つの要素にすぎません。身体の向きや視線、接触行動、そして表出性は、対人距離と組み合わさって、私たちが周囲の人々とどのように関わるかを決めるのです。

◉視線行動

視線行動は、複数の観点からコミュニケーションに影響を及ぼします。まず、多くの対人情報は事実上視覚的なので、他人を見ることは極めて重要です。対面で誰かと話す場合と電話越しに話す場合の違いについて、想像してみてください。後者の場合、表情もなく、ジェスチャーもなく、姿勢や身体的な緊張などの合図もありません。結果的に、コミュニケーションの情報は、ほとんど失われてしまいます。二つ目に、視線の変化は、メッセージの意味やその影響を修正するかもしれません。実際、他人から目を逸らさずにいると生理的覚醒が高まります。結果として、視線はメッセージの意味を強めます。愛の言葉であろうと脅しの言葉であろうと、相手に対する直視はコミュニケーションの影響力を高めます。もちろん、メッセージがしばしば非言語行動によって伝えられる場合もあり、直視がそのメッセージの一部なら、その影響力はさらに強いものになります。

三つ目に、視線は、通常の会話のやり取りを促すうえで非常に重要です。発言の交代を調整したり、相手の発言に意見を返すのにも、視線からの情報に頼っています。四つ目に、コミュニケーション中の視線は、動機づけや関心を示します。つまり、相手をちらっと見る回数や視線の量は、魅力や愛、支配性、不承認、あるいは攻撃性を考えるうえでさえ、重要な要素になるのです。しかし、見ることの意味は、単なる視線の長さや回数では決まりません。たとえば、同じように見ても、そのときの表情によってメッセージの意味は異なります。愛のまなざしと軽蔑のまなざしでは、表情がはっきりと違います。ほとんどの人は幸運にもその違いを区別することができます。最後に、相手が魅力的な人か尊敬する人かにかかわらず、瞳孔の拡張は相手に対する関心や魅力を伝えます。

◉顔の表情

顔は、非言語コミュニケーションのなかで最も重要な情報源のひとつです。私たちは他人の表情に注目するだけではなく、自分自身の表情についても、ほかの行動以上に観察し制御しています。数十年に及ぶ研究から、表情について、簡潔で直接的なひとつの結論が指摘されているようです。つまり、表情とは主に内的感情の表れで、人々の感情を読み出したものだ、というものです。さらに、幸福・悲しみ・怒り・恐れ・嫌悪・驚きなどの感情表出は、普遍的なもののようです。文化が違っても、これらの感情を示そうとするとき、人は同じ表情パターンをはっきりと示しますし、他人の表情を見たときも同じ感情だと判断します。ポール・エクマンらのグループが行った多くの研究から、それらの表情パターンは、進化の過程で自然淘汰された結果の産物であることが示されています。つまり、感情を正確に伝えたり理解したりすることは、自分の生存や子孫を残すための生殖活動に有利だったため、このような表情パターンが生まれつき備わっているのです。

しかし、表情の意味や重要性について、別の見方もあります。アラン・フリットルンドによれば、表情は感情の表れではなく、むしろ意図の表れなのだそうです。つまり表情は、その人が何をしようとしているのかを伝えるものなのです。したがって「怒り」の表情は、必ずしも怒っていることの表れではなく、脅しだったりします。また、笑顔は幸福の表れではなく、協力したり仲良くしようとする意欲の合図なのです。フリットルンドが提唱している表情表出の行動生態学的視点によると、意図を伝達することは生存に極めて重要なので、意図的な表情を伝えたり理解したりすることが進化した、と考えられるのです。言い換えると、感情を伝えたり理解することよりも、意図を伝えたり理解することのほうが、もっと重要だったということです。この問題については、情報の提供について述べている第5章で、もう一度触れたいと思います。

また、表情は、メッセージの意味を強めたり弱めたりします。たいてい、熱のこもったメッセージは顔に表れます。表情が伴わないと、話し手の誠実さが疑問視されるかもしれません。同様に、聞き手の表情は、話し手への反応を示します。笑顔とうなずきは、言葉にすることなしに承認を伝えます。微妙な問題に「意見」したい場合、直接言葉で伝えるより表情で伝えるほうが、気が利いていることもあります。承認しないことを伝える場合は特にそうです。たとえば、相手の提案を聞いて笑顔がなければ、一言も発しなくても、それは落胆したことや同意しないことを意味しています。

◉姿勢と動作

表情と同じように、姿勢や動作も、その人の感情や意図を伝えます。立ったままやり取りするのか、それとも座ってなのかの違いでさえ、意味を持ちます。たとえば、あらたまったやり取りなら、立つよりも座るほうを選ぶでしょう。またそのほうが、やり取りも長く続きそうです。姿勢は、興味や敬意、開放性、あるいはそれらと反対の意味を伝えることができます。典型的には、閉鎖的で厳格な姿勢（胸の前で腕を組んで、脚をそろえる）は、開放的でくつろいだ姿勢よりも感じが良くないでしょう。もちろん、単純に寒いときは、縮こまった閉鎖的な姿勢をとります。このことは、非言語コミュニケーションの特定のパターンが、状況によって異なる意味を持ちうることの別の例になります。

社会的地位と権力の違いも、姿勢に影響します。社会的地位の高い人や権力を持つ人は、そうでない人たちと比べてくつろいだ姿勢をとります。権力を持っている人は周囲を統制しているので、自分の行動を制御することや周囲を警戒することに対して、あまり関心を持たないのです。対照的に、権力を持たない人は社会的環境に気を配らなければならないので、肩の力を抜けません。姿勢に関するもう一つの次元は、相手に対する傾きです。座ってのやり取りでは、相手に関心があると前傾姿勢になります。どのように動くかも重要です。動作が速い人もいれば、ゆっくりな人もいます。動作が調和していて優雅な人もいれば、そうでない人もいます。他の動作から、その人の不安やストレスなどの一時的な状態が伝わったりします。たとえば、販売不振の年の人事考課で、上司との面接を待つ間、従業員は指でテーブルを叩いたり、脚を軽く揺らしたりするかもしれません。

◉ジェスチャー

ジェスチャーは、言語メッセージの内容と密接に結びついた、手や腕、頭の動きのことをいいます。言葉の代わりになることもありますが、ジェスチャーは発話と密接に結びついています。ジェスチャーと言語が専門のデービッド・マクニールによれば、ジェスチャーは言語コミュニケーション・システムの一部です。そのジェスチャーは、大きく三つの種類に分類することができます。一つ目は、〝エンブレム（表象）〟です。エンブレムは、特定の言語的意味を持つジェスチャーです。アメリカでは、「ＯＫ」サインや「フィンガー（中指を突き立てる）」サインが、エンブレムの例になります。エンブレムは発話と独立して用いられますが、しばしばポイントを強調するために発話と一緒に生じます。言葉と同じように、エンブレムは文化によって異なります。それゆえに、ある文化では問題のないジェスチャーが、別の文化では問題を引き起こすことがあります。副大統領だったころのリチャード・ニクソンがベネズエラを訪れたとき、アメリカではありふれたジェスチャーが別の文化では適さないことを思い知らされました。飛行機を降りたとき、ニクソンはアメリカの「ＯＫ」サインを出しました。つまり、親指と人差し指で丸を作り、手のひらを開き、残りの指をまっすぐ立てました。不幸にも、ベネズエラでこのジェスチャーは、中指を立てることに相当します。この種の挨拶は、訪問国で好かれるためにはお勧めできません。訪問国の人々は、そのジェスチャーを意図的な侮辱とは思わないでしょうが、相手が自分たちの文化をわかっていないと感じるでしょう。

二つ目は〝イラストレーター（例示）〟です。イラストレーターは発話と密接に結びついて、言葉で表現されているものを示します。たとえば、言葉で方向を説明しながら、その場所への道のりを宙に描いたりします。また、物の位置を言葉で伝えているときにイラストレーターを用いたりします。このようにしてイラストレーターは位置や方向の情報を補っている可能性があります。たとえば、ある人は「猫が食器棚の上に隠れている」と言いながら、「上」と言うかのように手を上に挙げるかもしれません。三つ目のカテゴリーは〝レギュレーター（調節）〟です。レギュレーターは、話し手の発言の速度や、要点を挙げるときに関わってきます。話し手が挙げていた手を下ろしながら「最初のポイントは……」と言い、また同じ動作をして「次のポイントは……」と言うような場合です。レギュレーターは話し手が言うべきことを整理するのに、本当に役立ちます。それゆえ、もし手を動かないように制限されたら、話し手は円滑に話すことができなくなってしまうのです。レギュレーターは情報を複数のまとまりに分割するので、このことで聞き手は話の内容を覚えやすくなったり、思い出しやすくなったりもします。

ジェスチャーは、人前で効果的に話すために欠かすことができません。ジェスチャーをタイミングよく適切に使う話し手は、聞き手から、より活発だと判断されやすいでしょう。反対に、めったにジェスチャーをしない人は、堅苦しく、真意が読めないと思われたりします。また、ジェスチャーは聞き手の反応に影響するだけでなく、話し手にとっても記憶を呼び起こすのを助け、発話の流れを良くする働きがあるのです。

◉接触（タッチング）

接触はコミュニケーションの基本で、あらゆる種類の対人関係に大きな影響を及ぼします。触覚を刺激することは、乳幼児の幸福と健康的な発達にとって極めて重要です。加えて、よく触れ合うことによって、親と子の絆が形成されます。親が子どもに食べ物を与え、着替えさせ、お風呂に入れ、あやし、一緒に遊ぶといった日常的なケアのなかで、子どもが必要とする接触が自然と起こります。親が子どもに愛情を与え、支援し、あやし、欲求に応えるうえでも、接触は大切になります。どのように触れるのか（軽く叩くのか、握るのか、なでるのか、殴るのか）、どこに触れるのか、相手との関係すべてが接触の意味や効果に影響します。触れ方は関係の近さの表れでもあります。私たちは腕を組んだり、手を握りながら歩いている二人を見たら、カップルだと無意識に思います。

また、接触は挨拶や出発の際にも重要になります。旅行者が空港に到着したときや出発するとき、しばしば友人や家族と抱き合います。誰かに挨拶するとき開いた手を伸ばせば、自分たちは親しみやすく、協力的なことを示せます。一方、誰かと握手するのを拒めば、拒絶や侮蔑のはっきりとした合図になります。ジェスチャーと同じように、接触の使い方も文化によって違うので、不適切な接触は相手を侮辱することになり、とても否定的な印象を与えかねません。したがって、外国を旅行する際は、現地の規範に敏感に対応すべきです。とりわけ、外部から来た人物が相手に触れるときは、余計に気をつけなければなりません。

最後に、自己接触はストレスや不安の表れである可能性があります。くつろいでいる人に比べて神経が高ぶっている人は、両手を揉《も》みあわせたり、首を掻《か》いたり、こすったり、着ている服を引っ張ったりするでしょう。ただ、自己接触のすべてが否定的な感情の表れではありません。かゆくて掻いてしまうときもあれば、寒くて自分の腕を体に巻きつけることもあります。人は集中力が切れたとき、髪の毛をクルクル巻いたり、指で軽く叩いたりして、自己接触を繰り返すことがあります。私の友人に、机に座って本を読むとき、わずかに残った髪の毛をねじる癖を持つ人がいます。その後、彼がオフィスを出て歩いていくと、その禿げ頭の後ろ側には、ひどく目立つ巻き髪がありました。

◉発声行動

声のコミュニケーションは、発話の内容や意味と結びついています。しかし、声はことばの意味よりもっと多くのことを含んでいるのです。発声行動は、何を言うかではなく、〝どのように〟言うかを問題にします。そこには、声の高さや大きさ、強調の仕方、発話の速度が関わってきます。言い間違いや言いよどみも、話し手や伝えたいことを知る音声的手がかりになります。しばしば話し手のアクセントには、出身地が現れます。声には、感情や他人への反応が表れたりもします。人々の間で葛藤が生じていると、声の変化に現れることがあります。気が立っている人は、「そんな声色で話しかけてくるな！」と言い放つかもしれません。よくある場面では、議論になるとより大きな声になり、慰めはより柔らかな声になります。実際、声のトーンと変化を聴けば、話し手の感情状態を正確に同定することができます。ペルの研究グループの実験では、スペイン語しか話せないアルゼンチン人の実験参加者に、ドイツ語、英語、アラビア語の感情的な発話と、スペイン語の無意味な発話を聴かせました。実験参加者の課題は、さまざまな発話を聴いて、そこから話し手の感情を判断することです。実験参加者はスペイン語の無意味な発話を聴いて、正確に感情（怒り、嫌悪、恐れ、悲しみ、喜び）を判断することができました。しかし、実験参加者は他の言語を聴いたときでも、そこから正確に感情を判断することができたのです。

発声行動の重要性を示す別の例としては、皮肉があります。この場合、言い方を変えることで、皮肉は言葉の内容とまったく反対になります。そして、声は魅力に影響します。特に、第一印象を形成する場合はそうです。電話で初めて誰かと話をするとき、第一印象を形成するうえで声がいかに大事かを、誰もが経験していることでしょう。後に実際にその人と会って、「本当はどんな人物か」を〝見て〟驚くこともあると思います。このことから、声は印象に影響しますが、人を判断するうえでは外見や行動のほうが、もっと信頼性の高い指標であるということがわかります。

●嗅覚的手がかり

人と人が関わるうえで匂いがとても重要なことは、石鹸や消臭剤、香水、コロン、口内洗浄液の売り上げが、毎年何十億円にもなることにはっきり現れています。これらの製品は、人間がもともと持っている、通常不快だと判断されてしまう匂いに代わるよう作られています。フェロモンと呼ばれる天然の香りは私たちが気づかないうちに現れますが、性的な魅力や恐怖の感情に影響することがあります。さまざまな種類の香りが私たちの気分に影響し、判断にまで影響することもあります。淡いレモンのような心地良い香りをかぐことで、知的作業の能率が改善することもあるのです。

猫や犬を飼っている人なら皆知っているでしょう。彼らが周囲の環境を理解するうえで、匂いがいかに重要であるかを。二足歩行になる前の私たちの遠い祖先は、自分たちが生き残るために、今日の人類よりもはるかに匂いを活用していました。私たちの祖先は、直立姿勢になったことで、遠くまで見渡せるようになりました。その結果、匂いをかぐことは絶対不可欠なものではなくなりました。それでもなお、匂いは、今日の私たちの生活で重要な役割を果たしています。ジョウとチェンが興味深い実験を行っています。匂いの感受性と情動的感受性の関連性を調べたものです。実験参加者の女子大学生がルームメイトとペアになり、匂いの判断課題に解答し、情動的感受性についても測定されました。匂いの判断課題の一つは、3枚のTシャツの匂いをかいで、どれがルームメイトのものかを答えるというものです。残りの2枚はルームメイトではない人が着ていたTシャツです。実験の結果、ルームメイトの匂いを含む、匂いの判断課題の成績が良かった人は、他人の感情にとても敏感で、表情から感情を判断する課題で優れた成績を残していました。どうやら匂いの感受性は、社会的な感受性や対人感受性の一部なのかもしれません。

気づかないうちに影響が生じる、フェロモンのような嗅覚的手がかりの性質のために、私たちは自分の好みをほとんど、あるいはまったくわかっていません。結果として錯誤帰属が起こります。つまり、特定の香りが私たちの判断に影響するのですが、私たちは真の原因に気づかないまま、匂いとは別の原因だと思い込んでしまうのです。

要素を超えて

要素となる個々の手がかりや行動に注目すると、非言語コミュニケーションを論じるのに便利です。前節では非言語コミュニケーション・システムの特定の要素を順番に取り上げ、それらが社会的状況で持つ影響について説明してきました。しかし、非言語コミュニケーションは、全体として考えると、それぞれの要素を足し合わせただけでは説明できない、それ以上のものになります。私たちはすべての手がかりや行動によってメッセージを伝え、理解していますので、それらだけではなく、非言語コミュニケーション・システムでの全体的なパターンを考慮する必要があるのです。さまざまな要素の組み合わせを際限なく議論したり、同定したりすることは、まず無理でしょう。では、非言語コミュニケーション・システムの要素が集まると、そこにどのような意味が生まれるのでしょうか。残念ながら、非言語コミュニケーションの要素を重みづけし、そこから導かれる特定の意味を示すような便利な公式は、わかっていません。そうはいうものの、非言語コミュニケーションの複雑なパターンが持つ意味や影響を形成する共通のテーマはわかります。本節では、非言語コミュニケーションの全体的なパターンが反映される、二つの主要な次元について説明していきましょう。

●関与

コミュニケーション行動で特に重要な性質は、他人に向かって示す関与や直接性のレベルです。関与は、相手との距離を縮めたり、触れたり、見つめたり、表情をより豊かに示したり、もっとまっすぐに向き合ったり、前傾姿勢になったり、ジェスチャーや、感情を声に出すことなどによって高まります。一般的に、私たちは相手に興味を持っているほど、関与が高まる傾向にあります。たとえば、知らない人よりも友人とのほうが、近くに座って相手のことをよく見ます。また、葛藤が高まる場合にも、相手をにらんだり身体接触が起きたりしますが、これも関与の増加です。対照的に、関与の低下は相手に関心がないことや、相手と一緒にいたくないことを意味します。嫌いな相手を積極的に避けることは、相手と広く距離を取ってコミュニケーションする機会をできるだけ少なくしているのです。

関与は二人の「近さ」を測るある種の基準になるため、これを用いて二人の親密性を推測することができます。たとえば、見つめ合い、お互いに触れ合っている二人を見たら、カップルだと思うでしょう。たいてい快適な関与のレベルは、コミュニケーションのなかで自動的に、意識せずに決まります。相手にどれくらい近づくべきか、どのくらい見つめるべきかを考えなくてよいのです。これは、たいてい意識しないうちに起こるのですが、いつもではありません。知らない人に近づかれすぎたり、見つめられすぎたりすると、とても目立ちますし相手を避けてしまうでしょう。もしも不快に感じたら、その人と距離を取ったり、目を逸らしたり、その場を離れたりするかもしれません。反対に、仲の良い友人の関与がいつもより低ければ、それも目立ってしまいます。そんなとき私たちは、もっと近づいたり、「どうしたの?」と言いながら相手に触れたりして、友人に働きかけようとするかもしれません。

関与は、対人関係の自然な現れであったり、結果的に他人に影響を与えたりすることが多いです。でも、相手にある印象を与えたいときや、人々に権力を行使したいときは、意図的に関与を操作することもあり得ます。人なつっこいセールスマンは、その行動から感じるほど本当は好意的ではないことを、私たち皆が知っています。ところが、私たちのほとんどがこの、そこそこ高い関与によって影響されてしまうのです。非常に親しげな行動をとっている人たちを見ると、実際の関係以上に親しく感じるのと同じように、本当は親しい関係を隠すために無関心を装った行動をあえてとることがあります。たとえば、社内恋愛中の二人は、同僚たちの前では親しくしていることを見せないように、わざとお互いを避けるかもしれません。

◉行動傾向（資質）

社会的動物である私たちは、あらゆる状況でさまざまな人々とやり取りを行っています。相手が友人であれ、家族であれ、知らない人であれ、敵でさえも、私たちは他人の行動の意味を理解しなければならないし、相手もこちらの行動の意味を理解する必要があります。たいていの場合これらのことは、私たちの表情や身体を通じて伝わります。表出行動に関する研究の大部分は、その人の感情が行動を引き起こしていると仮定しています。確かに、コミュニケーションのなかで感情は重要です。けれども、人々の表出から伝わる、より基本的な情報があります。私たちの表情や身体の反応は、行動の意図や行方を反映するものでもあるのです。「怒り」の表情が重要なのは、それが怒り感情の合図だからではなく、脅しだからなのです。もちろん、私がそんな顔をするときは、実際に怒っているかもしれません。しかし、そのような顔が持つ、もっと大切なコミュニケーション機能は、私の行動意図を他人に知らせることにあります。表情はメッセージを伝える際にとても重要ですが、対人距離や視線、姿勢、筋肉の緊張、動きの速さなど他の行動も、メッセージの意味に関わります。したがって、深刻な脅しのパターンは、「怒り」表情だけではなく、にらんだり、筋肉の緊張が高まったり、速い動作だったりも含まれます。あなたがそれを見る側の人物だったら、すぐに身を守るか、逃げたほうがよいでしょう。

会話では、私たちは相手の言語内容に集中している一方で、そのときの表出行動が私たちの意図を相手に伝えてもいます。たとえば、会話相手の話にすっかり聞き入っているとき、あなたは相手をじっと見ているでしょう。また、相手の話に合わせるかのように、あなたの表出行動は相手と似ている可能性があります。そして、相手の話に興味がなかったり、その場を去りたいと思えば、相手を見なくなり、よりそわそわするかもしれません。相手が敏感ならこのことに気がついて、会話を終わりにする機会をくれるでしょう。会話をしていないときでさえ、行動傾向（資質）に関する情報が伝わったり、理解されたりします。たとえば、何もせず笑っている人に比べて、一人で深刻な顔をして課題に集中している人は近寄りがたいものです。時々、忙しそうな店員さんでこんな人がいるでしょう。これは、「邪魔をしないでください」という札をぶら下げているようなものです。

文脈と意味

非言語コミュニケーションの特定の要素を知ることや、それらの要素が全体像をどのように形成するのかを知ることは、システムを理解するための第一歩です。しかしながら、全体像がわかったとしても、非言語行動をいつも同じメッセージとして解釈できるわけではないのです。実際、非言語コミュニケーションの同じパターンがまったく違う意味を持つことがあります。たとえば、非言語パターンの関与が高いとき、それは素直な好意の表れかもしれないし、他人を操るために意図的に行っているのかもしれないのです。加えて、人物と状況の文脈との関連性によって、非言語メッセージの持つ意味は異なります。したがって、同じ非言語パターンでも、その人物や状況が異なれば、その意味も異なるのです。後続の章では、さまざまな社会的機能を果たす非言語コミュニケーションの柔軟性を、見ていきたいと思います。

この文脈という問題には、注意すべき非常に重要な点があります。すなわち、非言語コミュニケーションに関する出版物の大部分は、北アメリカや西ヨーロッパで実施された研究成果に基づいています。さらに、欧米以外の地域で行われた研究が発表されても、その地域の言語でしか論文や本にならないため、英語圏の研究者には読むことができません。残念ながら、それらの出版物のなかで重要なものであっても、英語圏の研究活動の主流に入ってくるのが難しい状況にあります。このような制約があるにもかかわらず、文化は非言語コミュニケーションに確実に影響します。次章では、他の要因と一緒に、非言語コミュニケーションの文化差についても解説していきます。

第4章　基本的決定因

日常生活で観察される非言語コミュニケーションのパターンは、変化に富んでいます。家族と職場の同僚とでは、メッセージを伝え、理解する際のコミュニケーション・パターンが異なります。その一方で、相手や状況にかかわらず一貫して生じる、非言語コミュニケーションの安定したパターンもあります。この安定性には、非言語コミュニケーションの機能的な特性が現れています。つまり、非言語コミュニケーションは、種のレベル、文化のレベル、そして個人のレベルの結果として、生じているのです。したがって、人々がメッセージをどのように伝え理解するのかは、誰が何を目的にするのかによって、かなり制約されます。本章では四つの基本要因、つまり、生物要因、文化要因、性別要因、パーソナリティ要因が、非言語コミュニケーションにどのような影響を及ぼすのかを検討していきます。

生物要因

人類が現れる以前の、霊長類の祖先から何百万年もの間、私たちの種は自然淘汰の影響を受けてきました。ある特徴が生存や生殖の可能性を高めるほど、その特徴は次の世代に伝わります。進化の跡は、身体的特徴や生物的機能だけでなく、コミュニケーションの仕方にも残っています。私たちは社会的動物で、生き残るために他人と関わることが極めて重要ですから、情報を交換するための共通システムがあると互いに協力しやすくなります。このことは、私たちの遠い祖先がまだ言語を持っていなかった時代では、とりわけ重要でした。しかし、第1章で説明したような理由から、言語が発達しても、非言語コミュニケーション・システムはなくなりませんでした。というのも、社会的情報を交換する際の非言語コミュニケーションの効率性は、とても重要なものだからです。

自然淘汰によって非言語コミュニケーションが発達してきたことは、それらのすべてが遺伝子によって決まっていることを意味してはいません。私たちは、遺伝的にあらかじめ決められたいつも同じやり方で、他人に対して本能的に反応するわけではありません。むしろ、非言語コミュニケーションのなかでメッセージを伝え理解することには、発達の段階がありますし、文脈を考慮しなければなりません。さらに、遺伝するものが皆まったく同じというわけではありません。また、遺伝した普遍的なパターンでさえ、しばしば社会規範や価値の影響を受けるということも大切です。たとえば、たいていの人は赤ん坊に対して前向きな養育的態度で接します。無力な赤ん坊を養育することは、明らかに生まれつき備わっている遺伝的基礎によるのですが、たいていの社会は社会規範や法律によって、この傾向を強化しています。

進化における自然淘汰の論理は、単純で直接的です。40万年前の人類の祖先の例を見てみましょう。仮に名前をグロンクとオルグとします。偶然の遺伝によって、グロンクの非言語感受性（受け手側）は乏しく、オルグが敵意を持って近づいているのか、お茶に誘ってくれているのかを区別できなかったとします。オルグの意図が敵意のあるものなら、グロンクはいざこざに巻き込まれてしまいかねません。その結果、非言語感受性の乏しいオルグの遺伝子が、次の世代に継承される可能性は低くなります。一般的には、生存や生殖に有利な特徴が、次世代に継承されやすいのです。

この生物要因に関する話は、特定の行動やパターンよりむしろ、その非言語パターンが達成しようとする目標に目を向けています。そして、このアプローチは機能的な観点に基づくもの、つまり、非言語コミュニケーションの効用を分析するものです。非言語システムの基礎には生物要因があり、ここでは重要な例のみを取り上げて紹介します。それでは、非言語コミュニケーションの目標に注目して、生まれ持った生物的特徴が、どのように生存や生殖を手助けするのか見ていきましょう。

◉安全性と社会的比較

人間は他の社会的動物と同じように、集団でいることが多いです。家や職場、学校、レジャーでも、私たちは他人と一緒にいることを望み、他人の振る舞いに気を配っています。他人の近くにいて視覚的に注意を向けることは、個人にとっても集団にとっても安全性の面でとても有利なのです。誰かが驚愕反射をしたら、集団全体が警戒します。他人の存在は私たちに危険を警告してくれるだけでなく、問題に直面した際に物理的援助や情緒的支援も与えてくれます。

そのうえ、他人をしっかりと観察すれば、社会をよく理解できます。つまり、表情や姿勢、動作といった他人の非言語反応を見れば、曖昧な出来事を解釈しやすくなるのです。通常、私たちが社会的状況にいるときは他人に注目しているので、社会的伝染も起こりやすいといえます。言い換えると、私たちはしばしば、周囲にいる人々の行動を無意識に真似しているのです。このことは、特に表情と身体動作に当てはまります。実際、真似をすることで集団に適応しやすくなり、お互いの好意が高まりやすくなります。

●配偶者選択

配偶者の選択は、人生で最も重要な決定のひとつです。配偶者選択を進化の観点から見ると、相手に求めるものにはかなりの共通性があります。進化的観点からだと、男性は女性に対して、たくさん子どもを産める健康な体（妊娠できる期間が長いこと）と、子どもの生存に有利な優秀な遺伝子を求めます。女性も男性に対して生殖力のあることや優秀な遺伝子を求めますが、とりわけ権力や財産を持った男性を好むはずです。権力や財産があれば、女性や子孫の安全性が保証されるからです。

それでは、非言語コミュニケーションは、これらの好みとどういった関係にあるのでしょうか。男女ともに、目の前の相手が配偶者として子どもをつくる見込みや価値があるのかを、直接知ることはできません。そのため、私たちは相手の外見や行動を手がかりにしなくてはなりません。身体的特徴の左右対称性は、男女どちらにとっても、異性に感じる魅力の重要な要因のひとつです。ソーンヒルとモラーによると、左右対称性は遺伝的な健康と関連していて、配偶者選択において役割を果たします。さらに、左右対称性は声の魅力とも関連しているのです。

もちろん、他のたくさんの外見上の好みについては男性と女性で異なります。たとえば、男性はたいてい自分よりも年下の女性を好みます。若さは、妊娠できる期間が長いことを示すひとつの指標だからです。加えて、思春期になると女性はお尻の肉付きがよくなり、ウェスト対ヒップ比が減少します。対照的に、更年期になるとウェスト対ヒップ比が増加します。したがって、ウェスト対ヒップ比の低さは出産適齢期を示します。実際に、男性はウェスト対ヒップ比が7対10程度の、つまり、ウェスト・サイズがヒップ・サイズの70％になっている女性を好みます。透明な肌、光沢のある髪質、身体の左右対称性、元気あふれる行動も、優秀な遺伝子を持った女性の指標になっており、そういう女性は男性から好まれます。それとは対照的に、女性は自分より年上で、支配的な雰囲気を持っている男性を好みます。女性が好む男性の顔つきは、支配的な感じと親しみやすさが入り混じっているようです。支配的な見た目が親しみやすさで緩和されると、女性や子どもを養っていける力を持ち、しかも親しみやすく子どもの世話もしてくれるという合図になるのかもしれません。また、女性はウェスト対ヒップ比が同率に近い男性を好みます。女性は単なる外見だけでなく、財産を持った男性を望みます。進化的観点に従えば、男性と女性の相補的な好みが子どもをつくる可能性を高め、女性と子どもの豊かな生活と安全をもたらすような、男女の結婚を促すのです。

男性と女性の典型的な自己呈示戦略も、異性に対する好みと一致しています。すなわち、たいてい女性は、自分を若く、スタイル良く見せようとします。男性は通常、自分を強く、たくましく、成功者のように見せようとします。異性に対する身体的魅力を高めるために、ダイエットや運動、化粧、スタイルを良く見せる道具を使うこともあるでしょう。もちろん、お金持ちなら、美容整形手術や脂肪吸引、増毛やかつらといった、さらなる非常手段を使うかもしれません。

◉幼い子どもの養育

人間の赤ん坊は生まれたときは無力で、自力で生活できるようになるまで、何年間も周囲の大人に世話をしてもらわなければなりません。しかし、赤ん坊や幼い子どもに必要なのは、単にご飯を食べさせてもらうことや、家に住まわせてもらうことだけではありません。彼らが適切に成長するためには、刺激や愛情、安心感が必要です。このような特別で大変な世話を周囲の大人からしてもらうために、赤ん坊の外見は、大人の関心を集め、養育行動を引き出す信号を送っています。特に、大きな額、小さく丸い顎《あご》、大きな目という赤ん坊の顔の特徴は、大人の関心と保護を引き出すための強力な刺激になっています。これらの特徴は、図4－1に掲載した赤ん坊の写真にはっきり現れています。さら

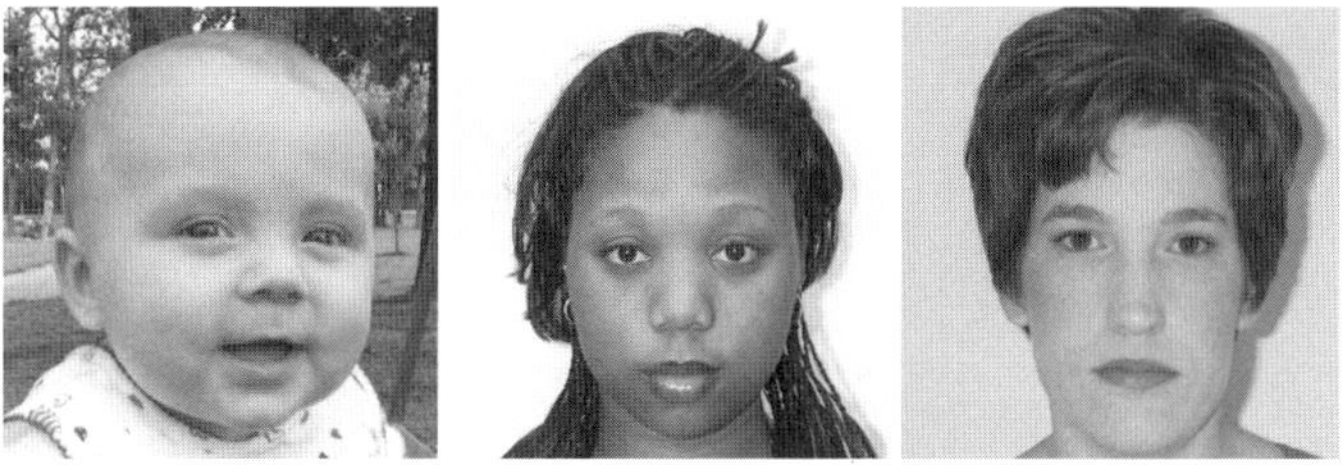

左端の写真：姪のエミリー・ルーダー・デイビスと娘のキャロラインより提供。
真ん中と右端の写真：Minear, M., & Park, D. C.（2004）のデータベースより引用。

図 4-1　容貌——ベビーフェイスと支配的な顔

に、赤ん坊のような顔の特徴を持つ大人は、見た目が成熟した大人よりも、無力で自分の行動に責任を持てないように見なされてしまいます。実際に、ベビーフェイスの被告は、見た目が大人っぽい被告と比べて、重大な犯罪の責任の問われ方が軽くなりやすいのです。図４－１の真ん中の写真は、ベビーフェイスの大人の例です。右端の写真は、見た目が大人っぽい人の例になります。

子どもに触れることは、子育てでは極めて重要です。赤ん坊の日々の世話、つまりご飯を食べさせ、お風呂に入れ、あやし、一緒に遊ぶには、たくさんの接触を伴います。必要な世話をすぐにしてあげることに加えて、子どもの社会的、情緒的、認知的発達のためには、触れてあげることもとても大切なのです。したがって、赤ん坊を毎日世話することは、その都度赤ん坊の欲求を満たしてあげているだけでなく、正常な発達に必要な触覚的刺激を与えるのに役立っています。もし赤ん坊や幼い子どもに十分触れてあげなければ、長期的には、情緒面や認知面の問題が生じてくるかもしれません。

大人は、自分から赤ん坊に触れ、世話しているように感じているかもしれないですが、赤ん坊と親の多くのやり取りは、実質的に赤ん坊に支配されています。子どもがぐずったり苦しんでいたりすると大人は飛んでいきますが、子どもが泣くことは助けを求める一番の合図です。子どもが泣くことを大人は嫌がりますし、強制力を持った合図になりますから、赤ん坊は泣くことで大人に注目してもらいやすいのです。通常は、適切なケアを行うことで赤ん坊の欲求が満たされて泣き止みます。多くの場合、赤ん坊が泣くのはお腹がすいたり、おむつが濡れていたりするからですが、泣けば周囲の大人が注目してくれることを赤ん坊はすぐに学習します。たとえそれが、単に注目してほしいだけであっても、泣けば大人が注目してくれるのです。もちろん、ことばが話せない赤ん坊にとって、非言語の合図が大切なことは驚くことではありません。周囲の大人たちは、他の行動、とりわけ苦痛や満足の指標となる赤ん坊の表情にも敏感です。非言語システムの多くは、生物要因による生まれ持ったものです。しかし、文化のような他の要因もまた重要になります。

文化要因

生物要因によって非言語コミュニケーションの普遍的なパターンが決まりますが、物理的環境や社会的環境の違いが、私たちが基本的欲求を満たす方法に制約をかけてきます。一般的に「文化」は、ある環境において基本的欲求を満たすことを目的とした社会集団が、長い時間をかけて発展させてきた価値観や規範、態度、行動のことを指します。非言語コミュニケーションの文化差は興味深く、異文化コミュニケーションの問題を時々引き起こします。外国旅行をした人は、自分の行動によって他人の思いがけない反応を招き、他の文化の規範を発見することがあります。この違いに気づけば、自分の判断（受け手側）や行動（送り手側）を新しい文化に簡単に合わせることができるものでしょうか。その答えは……簡単ではありません。文化的背景によって、私たちは他人と関わる際に、多かれ少なかれ自動的に反応してしまっています。特定の文化のなかでは、出来事や行動の暗黙の意味が共有されていて、コミュニケーションが促進されています。文化に違いがあると共有される意味が少なくなり、やり取りが予測できなくなり、コミュニケーションがぎくしゃくし、誤解が生じたりします。私たちが相手の異なる文化的背景を知っていたとしても、通常、非言語コミュニケーションは自動的に行われるため、自分たちの判断や行動を異なる文化に合わせることは難しいものです。非言語コミュニケーションに細かく気を配って、よく考えて判断するように切り替えるためには、大変な認知的努力が必要になります。また、行動面でも、相手から見ると自然ではないかもしれません。

私たちがやり取りする相手は文化自体ではなく生身の人間ですので、よく考えながらでも調整することは難しいものです。コミュニケーションの必要な状況に直面した際、私たちは相手の持つ文化的背景でなく、生身の相手そのものに焦点を当てます。たとえば、異なる文化的背景を持つ人が、通常自分が思っている距離よりもずっと近くまで近づいてきたとき、「いいんですよ。たぶん、あなたの文化ではこうするんですね」と言うのは簡単ではありません。後になって余裕を持った状態なら言えるかもしれないですが、私たちがその場に置かれたら「どうしたんだ、あの人?」と思わず言ってしまいそうです。加えて、文化的な違いがそれほど極端ではなく、気がつかないほどだったとしても、その文化差は私たちの判断や行動に影響を及ぼします。私たちは気がつかないうちに判断したことを知るすべがないので、後からその出来事を解釈し直して、「文化の修正」を行うことはできないのです。それでは、非言語コミュニケーションの文化差の根底にある、いくつかの次元に目を向けてみましょう。

◉接触 - 非接触の次元

文化と非言語コミュニケーションに対する関心はますます高まっていますが、きっかけは1950年代後半のエドワード・ホールが執筆した本に遡《さかのぼ》ります。彼の2冊の本、『沈黙のことば(*The Silent Language*)』(1959年刊)と『隠れた次元(*The Hidden Dimension*)』(1966年刊)は、文化がソーシャル・スペースにどのような影響を持つか、より広い観点からいえば、文化がコミュニケーションにどのような影響を持つのかを検討しています。ホールは世界中を旅して、そこで得た経験と彼の観察力を持って、文化が社会的な関わりに及ぼす影響を著しました。彼は、文化を一つの次元で表現しました。その領域の一方には、互いに対する高い関与を指向する文化(高接触)を置き、もう一方には低い関与を指向する文化(低接触)を置きました。特に、イギリス人や北ヨーロッパの人々に比べ、アラブ人や南地中海の人々、ラテン・アメリカ人は接触を指向する傾向にあり、対人距離が短く、他人への接触が頻繁で、ジェスチャーを多用する、とホールは打ち出しています。ホールによれば、これらの行動の違いの根底には、文化によって経験する感覚的世界の違いがあるそうです。高接触文化では接触と嗅覚情報に基づいて世界を理解する一方、非接触文化では視覚情報に基づいて世界を理解していることを彼は示唆しています。ホールは、非言語コミュニケーションの対照的なパターンを感覚情報処理のスタイルが生み出すものと考えていて、それは芸術や文学、料理なども含んだ生活の多くの側面に影響していると想定しています。この次元は興味深いですが、文化的な違いには他の要因も影響していそうです。

●個人主義と集団主義

ホフステッドは、数十カ国で事業展開するＩＢＭ社の従業員数千名に、二つの心理尺度を実施して文化差の基盤を探りました。調査結果に基づいて、ホフステッドは文化に関する五つの次元を提唱しました。その次元とは、①個人主義－集団主義、②不確実性－回避、③男性性－女性性、④権力の格差、⑤長期的指向性－短期的指向性です。すべての次元が非言語コミュニケーションに関連しますが、とりわけ、①の個人主義－集団主義の次元が重要だと思われます。個人主義文化では、人は社会集団の他のメンバーとは異なる点を強調するのに対して、集団主義文化では、人は社会集団の一部である点を強調します。したがって、個人主義文化では、アイデンティティが自己や個人的成果、達成にあります。対照的に集団主義文化では、家族や地域、職場のような集団とのつながりに、アイデンティティを持ちます。

集団主義文化に比べて個人主義文化では、他人の否定的感情を察知するのが得意で、自分が否定的感情を表出することも多いようです。この違いに関するひとつの説明として、個人主義文化では、肯定的感情や否定的感情の意図を他人に伝える素地があれば、積極的に主張でき、他人に依存しない生き方が可能になることがあります。それに対して集団主義文化では、否定的感情や意図を抑制することで、他人に合わせたり、面子《めんつ》を保ったりすることが可能になります。

これらの表出傾向の違いはどのように発達するのでしょうか。感情表出研究の先駆者であるポール・エクマンとその同僚のウォレス・フリーセンによれば、小さな子どもの頃から人々は自文化にふさわしい〝表示規則〟を学びます。つまり、子どもたちは時間をかけて、さまざまな社会的状況で、いつ、どのように表出すべきかを学んでいくのです。実際に感情状態と表出は生得的に関連していますが、表示規則はその関連性を調整しています。おそらく、集団主義文化では否定的表出を隠すことで潜在的な葛藤を減らし、好ましくない注目を最小化することができます。対照的に、そのような表示規則がないために、個人主義文化では他人と一緒にいても自発的表出がたくさん起きるのです。

◉権力の格差

ホフステッドが提唱した2番目の次元、すなわち権力の格差も、非言語コミュニケーションに関連します。アンダーソンは非言語コミュニケーションの本の中で、権力の格差とは、ある文化において権力や名声、富が不平等に分配されている程度であると書いています。したがって、権力格差の大きい文化は、社会のなかで権力や影響力の序列がはっきりとある文化になります。それに対して、権力格差の小さい文化は、より平等主義的で、時間をかけて自分の地位を改善できる機会がある文化です。一般的に、権力格差の大きい文化では、人々は自分の社会的な位置づけを受け入れ、それに応じて行動することが期待されます。1982年に、ホフステッドは文化を分類し、赤道に近いいくつかの国々を権力格差の大きい文化と見なしています。たとえば、権力格差の大きい文化にはメキシコ、コロンビア、ベネズエラ、インドが含まれます。対照的に、権力格差の小さい国々は高緯度に位置して、イギリス、ドイツ、北欧諸国が含まれます。もちろん、時間経過のなかで政治的・経済的風潮が変われば、権力の格差も影響を受けるかもしれません。

権力格差が非言語コミュニケーションに及ぼす影響は、権力や社会的地位の異なる者がやり取りする場合に見られます。権力格差の大きい文化では、権力を持たない者が持つ者に対して、敬意や抑制を示しやすいです。権力を持たない者は持つ者と距離を取る傾向があり、場合によっては権力者を前に直立していることもあります。加えて、権力を持たない者が持つ者とやり取りする際には、否定的な表情を避けようとします。それゆえ、権力格差の小さい文化に比べて大きい文化では、日々のコミュニケーションで権力や社会的地位の違いが顕著になるのです。

ショフィールドらが行った家族コミュニケーションの研究は、権力格差の異なる、メキシコ系アメリカ人とヨーロッパ系アメリカ人を対象にしたものです。両親とコミュニケーションする際、ヨーロッパ系アメリカ人の子どもに比べてメキシコ系アメリカ人の子どもは、両親と目を合わせないようにします。相手が父親の場合は特にそうです。また、ヨーロッパ系アメリカ人の子どもに比べてメキシコ系アメリカ人の子どもは、あまり話しません。ショフィールドらは、この視線の違いが、メキシコ系アメリカ人家族の明確な序列を反映している可能性を示唆しています。また、欧米文化内で過ごした時間が多いほど、メキシコ系アメリカ人家族のパターンが、ヨーロッパ系アメリカ人家族に近づいていくことを示す証拠もあります。

●高－低コンテクスト文化

ホールは、1976年に出版した『文化を超えて（*Beyond Culture*）』で、高コンテクストと低コンテクストという重要な文化の次元を提案しています。ホールによると、低コンテクスト文化とは、情報を言語によって直接的かつ明示的に伝える文化のことをいいます。そこでは、話し言葉であろうと書き言葉であろうと、メッセージの意味に曖昧さがほとんどありません。つまり、人々は本音を話します。対照的に高コンテクスト文化では、意味は明示されず、状況や非言語行動を手がかりに理解しなければなりません。実際、他人の発言や行為から本当の意味を理解するためには、「行間を読む」必要があります。高コンテクスト文化では、メッセージの受け手は他人の非言語チャネルに注意を払うことになります。低コンテクスト文化に比べ高コンテクスト文化では、人々の非言語メッセージを理解する能力が優れています。

一般的に、東アジアの国々は高コンテクスト文化、アメリカや北ヨーロッパの国々は低コンテクスト文化の典型例です。また、集団主義文化は高コンテクスト、個人主義文化は低コンテクストになりやすい傾向にあります。当該文化のコンテクスト・レベルに合わせないと、コミュニケーションで誤解が生じやすくなります。

最後に、ここで紹介した文化の次元は相対的なもので、多くの社会は次元の極ではなく途中に位置することを十分理解しておく必要があります。さらに、特定の文化内にも大きな差異が存在するので、そこにいる人がその文化の特徴を必ず持っているわけではないのです。田舎に住んでいる人々と都会に住んでいる人々との間にも違いはありますし、若い人と年上の人との間にも違いがあります。そして、文化的な規範は不変ではありません。テレビやインターネット、海外旅行を通した、近年の地球規模のコミュニケーションによって、異文化接触が増加し、文化的規範に影響を及ぼしている可能性があります。

性別要因

コミュニケーションの性差には十分な証拠があります。たくさんの本や雑誌で、男性と女性のコミュニケーション・スタイルを対比させて紹介しています。対人関係のアドバイスからビジネスの成功に至るまで、コミュニケーションの性差は現代の出版業界でよく見るテーマです。それでは、非言語コミュニケーションの表出性と判断精度から、性差を見ていきましょう。

◉表出性と非言語感受性

概して、女性は男性よりも自分の気持ちを伝えるのが得意です。その結果、通常は男性よりも女性の気持ちを理解するほうが簡単になります。もちろん、例外もあります。多くの文化では、女性が怒りをはっきりと表現することは、男性がそうすることに比べて受け入れられていません。相手の気持ちを理解するのも、男性より女性のほうが得意です。他人の気持ちを読み取るこの種の感受性は、「女性の直観」として知られているものです。これは、女性の持つ他人の思考や感情を知ることができる何か特別な感覚スキル、ということではありません。女性だけが感じることのできるミステリアスな実体のない波長は存在していませんが、他人に対する判断に影響するさまざまな種類の感覚情報は存在しています。男性に比べて女性のほうがそれらの感覚情報について注意深いか、判断が正確か、その両方なのかというわけです。非言語コミュニケーションで自分の気持ちを伝えたり相手の気持ちを理解したりするのが、男性に比べて女性のほうが優れている点に関しては、あくまで男性と女性の〝平均的な〟違いのことを指しているので注意してください。つまり、たいていの女性がたいていの男性よりも感受性が豊かであっても、それでもなお、たいていの女性よりも感受性が豊かな男性は存在しているのです。

◉コミュニケーションのスタイル

表出性の高さは、コミュニケーションする際に、女性が全般的に高い行動的関与を示す一例にすぎません。つまり、女性は男性に比べ、距離の近さや笑顔、接触、視線を用いて、高レベルの関与を示すのです。これはとりわけ同性間の場合に当てはまります。べつに驚くことではないですが、異性間の場合、会話相手に感じる魅力や恋愛感情によって関与の程度が変わります。また、異性間の場合は年齢も影響します。興味深いフィールド研究において、ホールとヴェシアは、年齢の異なるカップルでは接触頻度が変わるのかを調べています。全般的に見ますと、どちらから相手に触れるかは男女間で違いがありませんでした。けれども、カップルの年齢による違いが見られました。若いカップルは、男性から女性に触れることが多く、手を握ったり、女性に手を回したりすることがしばしばありました。年上のカップルでは、女性から男性に触れることが多く、男性の腕に女性が手を回していました。

男性よりも女性のほうがよく微笑むし、相手から微笑まれるのも男性より女性のほうが多いことは、たくさんの研究で報告されています。もちろん一口に笑顔といっても、さまざまな〝笑顔〟があります。表情表出を感情という観点から考えると、言い換えれば、表情表出は内的な感情状態を周囲の他人に伝達するものだという考え方では、心の底からの笑顔と偽りの笑顔を区別します。デュシェン・スマイルとして知られる心の底からの笑顔は、笑顔のタイプを区別した先駆的研究者にちなんで名付けられています。デュシェン・スマイルは、口の角を引き上げる筋肉（大頬骨筋《だいきょうこつきん》）だけでなく、目の端に皺《しわ》をつくる、目の周りの筋肉（眼輪筋《がんりんきん》）を必要とします。典型的なデュシェンではない笑顔は、目の周りの筋肉はほとんど、あるいはまったく変化せず、口の周りの筋肉のみを動かしています。

男性に比べて女性は、どちらのタイプの笑顔もよく示します。しかし、この笑顔の性差は、コミュニケーションにおいて何を意味するのでしょうか。概して、女性は男性より喜びを感じていて、女性のほうが男性より不誠実なのでしょうか。おそらく違います。「心の底からの」笑顔は、単なる喜びの表れではありません。そして、「偽りの」笑顔は、喜んでいるふりに失敗しただけではないのです。どちらのタイプの笑顔も、他人と仲良くしたいことの重要な合図であり、概して女性は社会的な関わりに、よりエネルギーを注いでいるのです。さらに表情表出は、社会的状況における印象操作の一部になっています。つまり、笑顔の性差は、女性は男性より社交的であるという期待と一致しているのです。

女性は男性よりも会話相手を見つめます。このことは、とりわけ同性同士の場合に当てはまります。視線と笑顔の性差は、個々の非言語行動を超えて、全般的な行動パターンに注目する重要性を示しています。具体的にいうと、女性が男性よりも会話相手に微笑む理由のひとつは、女性が男性よりも会話相手を見つめるからです。男性が女性よりも会話相手を見ていなければ、そのぶん微笑みかける機会も少なくなります。同様に、視線の性差は、女性の対人感受性の豊かさも生み出しています。

たいてい女性は、男性よりも相手を見つめるのに時間をかけているため、そのぶんだけ相手から視覚情報を集めることができるのです。また、このことによって、対人的な判断も正確なものになりやすいといえます。

◉性差の理由

一般的に女性が男性よりも表出しやすく、他人の心に敏感で、高レベルの関与に快さを感じるのはなぜでしょうか。この疑問に対する簡潔な答えはありません。実際、これらの性差の起源に関する論争があります。このことは、生物的影響や社会文化的影響の結果として生じているのかもしれません。つまり、女性の対人感受性の豊かさや非言語的関与の高さは、子孫の生存に有利であったため進化の過程で自然淘汰されたのです。対人的な感受性がより豊かな子育てを行う女性は、生き残って繁栄する子孫を持ちやすかったのでしょう。そして、彼女らの子どもたちが大人になって子どもをつくり、自分たちの遺伝的特徴を次世代に継承していったのです。

加えて、たいていの文化では社会的な規範や期待として、女性が男性より対人感受性が豊かで、周りの人の世話をすることを求めます。実際、この規範や期待どおり、女性は男性よりも他人に注意を払い、世話をします。もちろん、日常生活で他人と関わるほど、規範の影響は大きくなります。言い換えると、通常女性は非言語行動の読み取りと子育てをたくさん経験しますので、そのぶん、非言語行動を用いたメッセージの伝達と理解が上手になるのです。したがって、おそらく自然淘汰のために女性は非言語コミュニケーションに優れているのですが、このことは文化的規範や経験によってさらに強められて、性差が大きくなっています。

パーソナリティ要因

パーソナリティの概念は、一般的によく知られています。そして、このパーソナリティは、私たちが世界を理解するためのとても重要な手段なのです。私たちは人物の基本的特徴の要約としてだけではなく、同時にその人物の未来の行動を予測するのにも、パーソナリティの説明を使います。私たちは他人にパーソナリティのラベルを貼ると、その人物がどのように振る舞うかを予測しやすいのです。私たちは新しい出来事に直面すると、他人の行為の原因を、その人の内的な属性に見いだす傾向があります。多くの場合、ここでパーソナリティ特性に焦点が当てられます。では、はじめにいくつかのパーソナリティ次元を見て、続いて非言語コミュニケーションとの関連性を考えてみましょう。

◉社会的接近－回避特性

大学院のころ、私はパーソナリティと、それがどのように社会的行動に影響するかに興味を持っていました。実際私の修士論文は、対人不安（social anxiety）がテーマになっています。対人不安の高い実験参加者や内向的な実験参加者は面接担当者から離れて座る傾向があり、質問に対する回答も短くなることがわかりました。その後、何年も経って、対人不安の新しい尺度が開発され、対人不安が非言語コミュニケーションに及ぼす影響を実証した研究がたくさん行われました。具体的には、対人不安の高い人は低い人に比べてコミュニケーションを始めることが少なく、他人から距離を取って、相手を見ることがなく、あまり感情を表出しません。対人不安の影響は、他人の回避にとどまらず、生理的覚醒や自己焦点化した否定的な思考も強めます。また、不安の高い人は他人の印象があまり正確ではありません。コミュニケーション中に相手を見ないことが、正確さを低下させているのかもしれません。つまり、相手を見ないと、結果的に相手の反応に関する視覚情報が少なくなるのです。また、相手を見ないと、相手の微《かす》かな行動の手がかりを見逃してしまって、コミュニケーションの単純なやり取りを行うことも困難になります。そうなるとぎこちなさが増して、コミュニケーションで不快感が生じやすくなります。

それと同じ非言語コミュニケーションのパターンは、内向的な人や親和性得点の低い人にも当てはまります。対人不安は内向性と正の相関関係にあり、親和性と負の相関関係にありますので、これは驚くことではありません。実際、これらの三つの特性は、より包括的な次元である社会的接近－回避の特徴になります。すなわち、社会的回避傾向にある人々、すなわち対人不安が高く、内向的で、親和性が低い人々は、一般的に他人に対する非言語的関与を低いレベルで維持します。それと対照的に、社会的接近傾向にある人々、すなわち対人不安ではなく、外向的で、親和性が高い人々は、高レベルの他人に対する非言語的関与を好みます。もちろん、社会的接近－回避次元の影響は、コミュニケーションする前から見られます。つまり、社会的接近傾向にある人は他人との接触を求め、社会的回避傾向にある人は他人との接触を最小限にとどめようとするわけです。結果として、社会的接近傾向にある人は、自らの非言語スキルを向上させる機会をますます得ることになりますが、社会的回避傾向にある人は、そういった機会をほとんど持たないことになります。

◉場依存 - 場独立

場依存 - 場独立の次元は、認知の方法が外的な手がかりを参照しやすいタイプ（場依存）か、それとも内的な手がかりを参照しやすいタイプ（場独立）かを表しています。場依存 - 場独立次元に関する初期の研究は、この次元が視知覚に及ぼす影響に焦点を当てていました。一般的に場依存の傾向にある人は広い文脈から影響を受けやすく、特定の対象に注目することができません。それとは対照的に場独立の傾向にある人は文脈から影響を受けにくく、場にある対象を分析する力に優れています。たとえば、場独立の傾向にある人は、複雑な視覚的場に紛れている人物を発見するのが上手です。

場依存 - 場独立次元は、非言語コミュニケーションにも影響を及ぼすため重要になります。場依存傾向にある人は他人とのつながりを感じやすいため、場独立傾向にある人と比べて他人に近づきやすく、視線が多くなります。バン・バーレンのグループによる一連の研究から、場依存傾向と行動模倣の間に明確な関連性が示されています。ある研究では、場依存得点の高い人ほど、行動模倣が統計的に有意に増加していました。つまり、場依存傾向にある人は場独立傾向にある人に比べて、会話相手を真似しやすいのです。また、バン・バーレンは別の研究で、実験者に姿勢を真似された実験参加者は、真似されなかった参加者に比べて、後から回答した場依存尺度の得点が高くなっていたことを報告しています。ゆえに、場依存傾向と模倣の間には、双方向的な影響過程があります。

場依存傾向と非言語コミュニケーションの関係性は、二つの異なる仕組みに媒介されている可能性があります。まず、場依存傾向にある人は、他人との関係性により重みづけして知覚するため、他人と深く関与することを好み、相手を模倣しやすいのかもしれません。次に、場依存傾向にある人は、情報面でも他人に依存している可能性があります。その結果、他人との深い関与や頻繁な模倣によって、情報収集に必要な社会的比較過程が促進されているのかもしれません。

◉セルフ・モニタリング

社会的接近－回避次元と、場依存－場独立次元によって、パーソナリティ特性が非言語コミュニケーションに及ぼす影響の方向性を予測することができます。もうひとつの特性であるセルフ・モニタリングの影響は、さらに複雑になっています。セルフ・モニタリングとは、自己呈示を動機づけられる傾向や、状況の持つ規範の変化に対する感受性、目的に応じて自らの行動を修正する能力のことを指します。たとえば、セルフ・モニタリング傾向の高い人（高モニター）は望ましい行動をとり、望ましくない行動を抑制するのが得意です。高モニターの人は、カメレオンのように状況に応じて行動を管理するのが上手です。それと対照的に、低モニターの人は行動に柔軟性がなく、環境に応じて行動を変えるのが苦手です。

したがって、セルフ・モニタリングは非言語コミュニケーションの特定のパターンを予測しませんが、むしろさまざまな社会的状況に適応する能力を予測します。伝達内容を理解するうえでは、高モニターの人は、社会的状況やその場にいる人々を判断するのが得意といえます。また、伝達するうえでは、高モニターの人は印象管理が得意です。印象管理のためには、表出性や関与を高めなければならない場合もあるし、その反対の場合もあります。一般的に高モニターの人は、社会的状況をよく把握して行動を調整するのが上手いので、役者や政治家、セールスマンに向いています。一方で、低モニターの人は見たままなので、彼らが何を考えているのかを私たちは簡単に理解できます。

要因の組み合わせ

生物要因や文化、性差、パーソナリティ要因は全部組み合わさって、他人に対する関わり方に影響しています。つまり、これらの要因は、さまざまな社会的状況で私たちが発揮する影響を構成しているのです。それにもかかわらず、それらの組み合わさった影響だけでは、非言語コミュニケーションのパターンは決まりません。状況や会話の相手も考慮しなければなりません。たとえば、大事な就職活動の面接や友人との食事、お葬式への出席といったさまざまな状況に応じて、あなたの行動（送り手側）や感受性（受け手側）がどのように変わってくるかを想像してみてください。状況の要請や目的に応じて、さまざまな状況で他人とコミュニケーションする際のやり方が切り替わります。さまざまな状況で効果的に他人と関わることができる人がいますが、状況の制約によって、多くの人々が同じ非言語コミュニケーションのパターンをとります。このことは、第2章で紹介した原則、「非言語コミュニケーションのあり方は状況によって異なる」に通じています。

生物要因、文化、性差、パーソナリティに基づく私たちの傾性は、会話の相手や状況の制約と組み合わさって、非言語コミュニケーションに影響しています。後の章では、日常生活における非言語コミュニケーションの特定の効用について、焦点を当てます。非言語コミュニケーションは恣意的でも気まぐれなのでもなく、基本的な社会的機能を果たすために作用します。さらに、ある非言語コミュニケーションのパターンは、特定の状況下で複数の機能を果たすことがあります。また、異なる非言語コミュニケーションのパターンが、まったく同じ機能を果たすこともあるのです。ある非言語コミュニケーションのパターンが多様な結果を生じさせることもあれば、非言語コミュニケーションのさまざまなパターンが同じ結果を生じさせることもあるわけです。次章では、最も基本的な機能である、私たちの世界に関する情報を提供する機能について見てみましょう。

第5章　情報の提供

社会生活を営むなかで、私たちは絶えず自らのことを周囲の人々に伝え、その人たちのことも知ろうとしています。その際、さまざまな場面で言葉はとても大切ですが、社会的な関わりを制御するための基礎は非言語行動にあります。外見を通じて私たちは、性別や人種、年齢のような基本的な特徴を他人に伝えています。服装や髪形、身だしなみ、タトゥーや宝飾品のようなモノで、自分自身に関する情報を伝える場合もあります。また、私たちが他人を見るとき、それらの手がかりに注意して他人を判断し、期待を形成しています。安定した情報である外見の手がかりを補っているのは、動的な情報である行動変化の手がかりです。その人の行動が変化することで、その人のパーソナリティや態度、感情、動機に関する情報が、周囲の人々に伝わるのです。周囲の人々は外見と行動の両方を合わせて手がかりにし、その人や、その人の目的を詳細に判断して、反応することができます。それでは、このようなことがなぜ起きるのかについて見ていきましょう。

社会的判断の効用

社会環境やその場にいる人々を判断することは適応的です。基本的に、その人が自分にとって脅威となりうるのか、それとも利益をもたらしてくれるのかを判断することは重要です。自らの幸福に影響する人々や出来事を見極めることは、自己利益に関わります。私たちは皆、遠い昔に危険と利益を選別して適切な行動をとっていた者の末裔なのです。見習いたくない例ですが、恐ろしい相手が近づいているのにその場に突っ立ってブツブツ言っているだけの不幸な人物が、生き残って子孫を残せる見込みはほとんどありません。そんな反応は進化の過程で消えていき、自動的に評価する反応が残るわけです。本章でも、また本書全体を通じてもいえることですが、社会的判断の特定のパターンは、それがもたらした結果ゆえに私たちに身についたものなのです。私たちが幸福になり、世界を効果的に制御するためには、外見や行動を手がかりにして他人を素早く判断しなければなりません。百年以上前に、著名な心理学者のウィリアム・ジェームズは、「行うために知覚する（perceiving is for doing）」と述べています。

外見や行動に注目して他人を判断する際に、私たちはあらゆる情報を平等に扱うことができません。他人の身体的特徴や行動のどこに注意を向けるかは、その対象が持つ際立った特徴によって決まります。私たちは目立ちやすいものに注目しやすいのです。もしジョーンが、会議に出席した15人の女性のうちの一人でしかない場合、彼女が14人の男性出席者に囲まれた唯一の女性である場合と比べて、私たちは彼女にほとんど注目しないでしょう。このことは行動にも当てはまります。私たちは規範に沿った行動よりも、通常とは異なる行動に注意を払いやすいのです。これは、とりわけ行動が良くない場合や脅威をもたらす場合に当てはまります。ブロックやタックルはアメリカン・フットボールの試合なら規範に沿ったものかもしれません。でも、場所が会社の廊下なら、そうではありません。普通ではない出来事や良くない出来事は、日常と安全から逸脱しているために注目を集めやすいのです。それでは、私たちはどのようにして判断を下しているのでしょうか。

合理的知覚者の盛衰

数千年もの間、どうやって私たちが他人を理解するのかを哲学者は思案してきました。しかし、ここ50年間、対人知覚について体系立った科学的研究が盛んに行われています。このわずかな間に、社会的判断プロセスに関する私たちの理解は大きく変化してきました。1960年代と70年代は、どのようにして私たちがある人の行動の原因を帰属したり、推論したりするのかを説明する理論が、複数提唱されました。概してそれらの帰属理論では、他の人々やその行動を理解する際に、私たちが論理的規則に従うことを想定していました。帰属理論の基本的な焦点は、特定の行動に関する因果推論に、どの程度人や状況の影響が反映されるのかを結論づけることにありました。

もしも私たちが合理的に対人知覚をしているなら、まるで素朴な科学者が人の行動や状況に関する比較可能な情報をたくさん集めるのと同じように原因帰属を行うでしょう。合理的な対人知覚を行うためには、ある人に対して論理的に推論するのに十分な情報が集まるまで判断を保留にします。ある人の目立つ行動が状況のせいではなさそうであれば、それを知覚している人は、その行動に対応するパーソナリティ特性や動機に原因帰属するでしょう。たとえば、あなたは新しい職場にいて、ビルはあなたの知らない年長の同僚と、とても楽しそうに活発に話をしていたとします。あなたがこれまでビルに会ったのが一度だけなら、ビルはとても親しみやすい人間だと思うかもしれません。でも、もしあなたが、ビルは売り上げが良くなくて困っていて、話をしていたのは彼の上司だったことを後から知ったとすれば、別の推論もできそうです。そんな状況であれば、ビルは上司に好ましい印象を持ってもらうために最善を尽くしているのでしょうし、彼の行動は親しみやすいパーソナリティが表れたものではないでしょう。

帰属理論の考え方は筋が通っていますし、私たちが他人に対して行う判断についてわかりやすい説明を提供してくれます。つまり、まず、ある人の言語行動や非言語行動が評価され、続いて他の行動と比較され、最後にその人が置かれている状況が行動を制約しているかどうかが考慮されるのです。結果的に、私たちは論理的かつ体系的なやり方で他人の印象を形成している、というわけです。ところが、実はそうではないようなのです。帰属理論は理にかなっていますが、多くの最新の研究によれば、帰属理論が予測するようには私たちは振る舞っていないのです。実際、原因帰属を行うのに必要な情報がそろうまで判断を保留することは、私たちは得意ではありません。社会心理学者のダニエル・ギルバートによれば、私たちは何かをただ知覚するだけで何かを知ってしまうことになります。つまり、知覚するだけで即座に判断が生じるのです。

だから、私たちは他人の印象を形成する際に、帰属理論が予測するような入念で合理的な判断を行っていません。これは、帰属理論が提案するような論理的で思慮深い振る舞いが、私たちにはできないことを意味するのでしょうか。いいえ、それは可能です。ですが、印象形成の際に入念に情報を収集し証拠を吟味する過程は、自動的な過程の後に生じうるものなのです。私たちは十分に動機づけられて証拠を吟味できるときだけ、入念で努力を要する過程に取り組むのです。しかし、多くの場合、思慮深い判断を行おうとする動機づけも認知的資源もありません。その結果、私たちが他人について判断する場合、たいてい無意識に行っており、効率性も高いのです。私たちがそれを好むと好まざるとにかかわらず、いったん無意識的な判断が生じると、その判断は私たちの他人に対する考えや反応の仕方に影響を及ぼします。それでは、私たちが基本的な社会情報を伝えたり理解したりする際に、外見と非言語行動がどのように役立っているのかを見ていきましょう。

外見

「外見で人を判断するな」とよく注意されますが、実際私たちは外見からたくさんのことを判断しています。通常私たちは外見からわかる身体的特徴を手がかりにして、性別や人種、年齢を素早く判断します。身体が大きくて支配的な人物と、身体が小さくて目立たない人物を簡単に区別しています。服装は社会階級や、場合によって職業、国籍、宗教さえも周囲の人々に伝えます。外見からどんな人物なのか完全に知ることはできませんが、情報がまったくないよりはずっと役に立ちます。外見は、相手がどんな人物で、どのように関わるべきかを示唆してくれる、重要な第一段階なのです。

私たちに生まれつき備わった印象形成の仕方と、経験を積んで身につけた印象形成の仕方の両方が大切です。というのも、それらの印象が、その人に対する他の判断や、その人とどう関わるのかに影響するためです。あなたが街を歩いていたら、伝統的な修道女の衣装に身を包んだ人に会ったとしましょう。その数メートル後ろには、髪を逆立ててボディピアスとタトゥーをした若いカップルがいます。彼らについて深く考える前に、あなたはすでに印象を形成しています。修道女がラップ好きで、若い男女は会計事務所に勤務する宗教的な原理主義者だという可能性はあるでしょうか。そうですね。そんなことはありそうもないですね。これはステレオタイプの例です。しかし、ステレオタイプは、チャンス・レベル（偶然正解する確率）よりも正確なことが多いのです。

ある種の外見に対する私たちの反応は、生まれつき備わったもの、つまり進化の過程で淘汰されてきたものです。生物学では配偶者選択や子どもの養育の観点から、外見が重要といわれてきました。その女性が出産に向いていて優秀な遺伝子を持っているかどうかは、若さやウェスト対ヒップ比の低さ、透き通った肌、艶のある髪、左右対称性のある身体的特徴によって周囲に伝わります。その一方で男性が子どもをつくるのに向いているかどうかは、成熟性、すなわち、女性よりもいくらか年上で、ウェスト対ヒップ比が同じ程度であることから周囲に伝わります。身長が高く筋肉質だと、周囲には支配性が高い印象を与えます。でも、支配性が高いと同時にベビーフェイスであるのが理想的です。これは強さと感受性の豊かさを兼ね備えているような印象を与えるためです。財産を持っているか、少なくとも財産を持っていそうな外見の男性も、配偶者にふさわしい印象を周囲に伝えます。

マナーとデウォール、ゲリオットの研究結果から、男性を判断する際には支配性が、女性を判断する際には外見的魅力が決め手になりやすいと示されています。男性と女性のどちらの実験参加者も、支配的な女性より支配的な男性のほうに、外見的魅力の高い男性よりも外見的魅力の高い女性のほうに注目する傾向がありました。実験参加者の男女ともに注目のパターンは同じだったのですが、その背景にある心理的メカニズムはまったく異なるものです。このことは進化の観点から説明できます。男性は、配偶者選択の競争相手として支配的な男性に注意を払っている一方で、望ましい配偶者として外見的魅力の高い女性に注意を払っています。女性のほうは、望ましい配偶者として支配的な男性に注意を払い、配偶者選択の競争相手として外見的魅力の高い女性に注意を払っているのです。外見的特徴だけを見て配偶者を決めるのは十分ではないにせよ、有効な手がかりになります。そして、もちろん、他にもたくさんの要因が魅力や最終決定に関わっています。それにもかかわらず、魅力的な外見を異性に見てもらおうと、多くの人々はたくさんの時間や労力、お金を投資するのです。

大人が赤ん坊や幼い子どもに関わる際にも外見的特徴は重要になります。ベビーフェイスは、その赤ん坊が無力で、周囲の人に頼らないと生きていけないことを伝えています。このため、ベビーフェイスを見た大人は、子どもを世話しようとするのです。この反応は大人を見るときにも生じます。たとえば、犯罪責任を判断するような場合にも当てはまります。大人らしい顔と比べてベビーフェイスの大人は、計画的に犯行に至ったとは判断されにくく、過失だと判断されやすいです。私は顔つきが社会的判断に影響を及ぼすことを知っていますが、それでもなお、少年犯罪者の見た目と犯罪性との乖離《かいり》に驚いてしまいます。被告がぷくぷくとした丸顔の少年だった場合、それは私たちがイメージする殺人者とは対極にある外見です。そのような子どもたちを見たとき、彼らがこんなにも暴力的な行為をどうやってのけたのかを理解するのは、至難の業です。

外見的特徴のなかで最も重要なもののひとつは顔の魅力です。「美は見る者の目に宿る」という古い諺《ことわざ》がありますが、美しさの判断基準は文化を超えて普遍的であることを示す研究が数多くあります。さらに、美しさの文化的影響を受けるずっと前の幼い赤ん坊ですら、魅力的でない顔よりも魅力的な顔を見つめる時間が長いのです。それでは、魅力的な顔とはどのようなものなのでしょうか。ジュディス・ラングロイスの研究グループによると、「平均」顔が魅力的と判断されるそうです。ここでいう平均とは、平均的な魅力の意味ではありません。そうではなく、ある集団の平均顔、その集団の典型的な顔を意味しています。言い換えると、平均顔は、たくさんの違う顔の特徴を平均したようなものです。このような平均化する過程は、コンピュータで顔の要素をスキャンして、デジタル化することによって簡単に実行できます。マーティン・グレンドゥルの研究グループは、2002年、ド

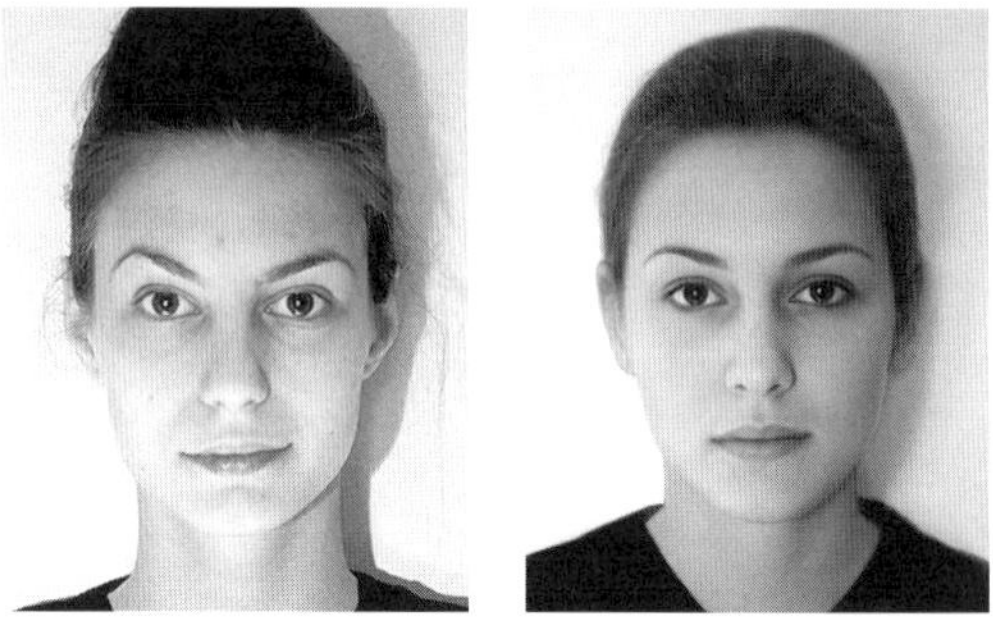

実際のミス・ドイツは左側で、架空の（平均化された）ミス・ドイツは右側。（www.beautycheck.de より写真を転載）

図 5-1　「平均的」な顔がより魅力的

イツで開催されたミス・コンテストに参加した22名の女性サンプルを対象にして、この効果を実証しました。すべての女性は無表情で、髪をバックにして、化粧をしていない状態で写真に映っています。その22名の写真をデジタル化した後に平均化して、架空のミス・ドイツを創りました。図5－1の写真をご覧ください。右側の架空のミス・ドイツの顔が、左側のコンテストの優勝者である実際のミス・ドイツの顔よりも魅力的なのは明らかでしょう。

男性でも女性でも、平均顔は実在する個々の顔より魅力的に評定されます。また、平均顔は、実在する個々の顔よりも親しみやすいと判断されます。たとえ平均顔が人工的にデジタル処理して作られたもので、初めて見た顔でも、です。しかし、平均顔がとても親しみやすいのは、平均顔が集団の平均に近いことから予想できたかもしれません。では、平均顔が魅力的なのはなぜなのでしょうか。まず、進化の観点からは、集団の平均的な外見特徴は、病気にかかりにくく、遺伝上の変異が起こりにくいことを示しています。言い換えると、平均顔は安全で健康的な顔であり、それゆえ魅力的なのです。もう一つは認知の観点からの解釈です。幼い赤ん坊でさえ、自分がこれまで出会った顔のプロトタイプ、すなわち、一般的な表象を形成する能力を持っています。このプロトタイプの平均的な顔が、魅力の基準になるのです。特定の人物の顔がプロトタイプに近いほど、魅力的だと判断されるわけです。

外見的特徴のなかには、相対的に変化しないものもあれば、変化しやすいものもあります。手術によって皺《しわ》を減らし、身体の形を整え、植毛することができます。ガードルやコルセット、ワンダーブラは、少しの間、外見の魅力を高めます。どんな服を着てどのように身支度を調えるかを考えるのは、私たちの日課です。これらすべてでポイントになっているのは、私たちの多くは、自分が他人からどのように見られるのか、他人にどう見てもらいたいかに敏感であるということです。そうであるにもかかわらず、他人について判断するとき、外見を気にしてはいけないと考えてしまいがちです。外見より「内面」が重要だと考えるのです。しかしながら、他人の内面を判断するとき、自分に見えている外見と行動を手がかりにしているのです。それゆえ、外見は第一印象を形成するうえで極めて重要です。でも、その人がどんな人物で、これから何をしそうかについては、その人の示す行動に表れるのです。

行動

ちょっとした出会いの間でさえ、単に相手の外見を見るより多くの関わりがあります。家の近所で、友人があなたを初めて会った人に紹介する場面を想像してください。近づいてくる相手の姿を見てから、握手をして挨拶をするまでの10秒間で、あなたはその人の行動に関する重要な情報を手に入れています。その人は、歩くのがゆっくりだったでしょうか、それとも速かったでしょうか。その人は落ち着いていましたか、それとも緊張していましたか。その人から話し始めましたか、それともあなたが話しかけるのを待っていましたか。もちろん、これらの疑問は意識的には生じません。むしろ、この情報は無意識的に影響を及ぼすもので、即座に第一印象を形成するものです。

実際に、他人の行動をごくわずか観察することで、私たちはその人について多くを知ることができます。これら「行動の薄切り（一瞬の間だけ切り取られた行動）」は、数秒間から数分間までさまざまですが、そのわずかの観察によって、他人に対し正確な判断を下すことができます。日常生活でも行動の薄切りに基づいて判断することはよくあります。都会やその近郊に住んでいると、歩道やスーパー、混雑したショッピング・モール、学校や職場で、さまざまな人に遭遇します。ほんの数秒の間にそれらの人々や行動に気づき、印象が形成されます。多くの場合、このような印象は誰かに出会ったそのときだけのものです。ただし、これが第一印象となり、長期的な関係の初めの一歩となることもあります。たとえば、新しい職場に着任した初日に同僚と会うと、そこでの印象が将来その同僚とどう関わるかに影響するのです。自己紹介するときに、より明るく、親しみやすく振る舞う人もいれば、そうでない人もいます。新しい職場の同僚に駐車場や美味しいランチの店を尋ねるときに、一番とっつきにくい人を選んだりはしないでしょう。最初の印象が悪くてその後関わりにくいとしたら、そんな相手とあなたが友人になる可能性は非常に低くなります。初対面で即座に下した判断から誰かを避けてしまうことがどのくらい頻繁に起きるのかを、私たちは正しく理解していません。というのも、私たちはたいていその相手と再び関わることがないからです。行動の薄切りに基づいて、人々のパーソナリティ特性や動機を完全に判断することはできません。しかし、十分評価に値します。私と共同研究者が実施した実験では、わずか5秒か10秒の間で、実験参加者は会話映像を観察して、関係性や競争の勝敗、社会的地位を正確に判断することができました。

社会的判断の種類

◉個人的特徴

私たちは通常、相手が男性か女性かを判断する際に、その人の行動を手がかりにはしていません。身体つきが明らかに違いますし、多くの文化では服装が男性と女性で違っています。でも、もしも外見の手がかりが利用できなかったらどうでしょう。最低限の行動情報から、男性と女性を区別することができるでしょうか。また、外見から性別を判断せずに行動情報を得ることができるのでしょうか。この疑問に対する独創的なアプローチが、１９７３年、ヨハンソンによって開発されました。人の手足や胴体のいくつかの関節に、光点をつける方法です。対象者には黒い服を着て歩いてもらいますが、その様子をカメラで撮影します。黒い部屋の中、灯りを消して撮影するため、私たちに見えるのは光点の動きだけになります。それは、「棒人間（stick person）」が歩いている様子に少し似ています。この最低限の情報でも、チャンス・レベル（偶然正解確率）よりも正確に歩行者の性別が判断されました。日常生活で、こんなわずかな情報から性別を判断することは通常ありません。しかし、この情報もふだんから利用できます。

行動情報は、外見情報と合わせて手がかりにしても、冗長になることがほとんどありません。私たちは他人の印象を形成する際に、単に外見だけでなく行動の手がかりも重視します。たとえば、アンバディとハラハン、コナーは、実験参加者に1秒間もしくは10秒間ビデオクリップを呈示したところ、チャンス・レベルよりも正確に、面接されている人の性的指向性を判断できたという結果を得ています。この研究では、面接されたのは大学生で、学業面の活動と課外活動をどのように切り盛りしているかを話すよう、求められていました。面接された学生たちは撮影が終了するまで研究の目的を知らなかったので、自分の性的な指向性を隠そうとすることも明かそうとすることもありませんでした。では、ビデオテープに映っている外見だけで、実際の行動を見ないで、同性愛者か異性愛者かを判断することは可能なのでしょうか。答えはノーです。なぜなら、写真だけを見て判断した場合は、正確さがチャンス・レベルよりも低かったのです。したがって、性的指向性に関する信頼性のある情報は、非常に短時間の行動にも含まれているのです。

行動の薄切りは、パーソナリティの特徴も周囲に伝えます。内向性と外向性の違いは、短いやり取りのなかではっきりと現れます。外向的な人は内向的な人に比べて表情が豊かで、ジェスチャーを活発に行い、相手をよく見つめます。これらの行動の違いによって正確な判断が行われるのです。実験参加者にある人物の行動の薄切りを提示して、調和性や開放性、誠実性などのパーソナリティ特性について判断するよう求めると、その人物のパーソナリティ得点と相関します。内向的な人と同じように対人不安の高い人は、不安の低い人に比べて会話の相手と対人距離が遠く、視線が少なく、あまり話さない傾向があります。したがって、ごく短い時間の表出行動も、人々のパーソナリティや動機づけの重要な手がかりになります。それでは、特に表情に注目して、表情が何を周囲の人々に伝えているのかを見ていきましょう。

◉感情か、それとも意図か

表出行動によって意図を伝えたり、表出行動から意図を読み取ったりすることは、進化の過程を経た自然淘汰の産物であると一般的に考えられています。しかし、ここでの問題は、表情表出の全般的な重要性ではなく、表情表出の目的や効用にあります。最近の50年間で、多くの研究がこの疑問に取り組んでいます。主流となっている考え方では、表情表出の役割は内的な感情状態を表すことにあります。ポール・エクマンらが行った広範囲に及ぶ研究で、感情を表情表出によって伝えたり読み取ったりする仕方には、文化を超えた普遍性があることが指摘されています。すなわち、喜び、悲しみ、恐れ、怒り、驚き、嫌悪を含む基本感情に関して、異なる文化間でもはっきりと伝達され、正確に理解されるのです。

もちろん、人々がいつも自分の感情をそのまま自動的に表すわけではありません。というのも、状況によってはそれが不適切な場合もあるためです。外部に表れている表情表出と本人が感じている感情が一致しない状況を説明するために、通常であれば外部の表情に表出されたはずの内的な感情状態を、表示規則がそれとは異なる表情表出に変えてしまうことをエクマンは主張しました。つまり、表示規則は、社会的状況で生じる表出行動に関する規範なのです。前章で、個人主義文化よりも集団主義文化のほうが否定的感情の表出が起こりにくいのは、表示規則のためだと述べました。表情表出において感情を重視する立場によると、表情表出は感情状態の表れであり、これは生得的で普遍的な傾向です。しかしながら、私たちは表示規則を、特定の文化のなかで時間をかけて学習しています。そして、この表示規則は、内的な感情状態をありのまま表出することを抑制して、状況にふさわしい表情を表出するよう促すのです。

近年、表情表出を感情の表れだと考える立場に対する反論があり、次第に注目を集めています。この反論も、表情表出が進化の過程で生じたととらえているのですが、共通点はここまでです。アラン・フリットルンドは、表情表出の行動生態学的視点を提案しています。これは、意図、すなわち将来の行為を他人に伝えたり、他人から読み取るうえで、表情表出が重要な手がかりになる点を強調する立場です。フリットルンドによれば、私たちの表情は、自分がどのように感じているかではなく、これから何をしようとしているのかや、周りの人に何をして欲しいのかを、他人に伝えているのです。この場合、「怒り」の表情が重要なのは、その人が怒っていることを示すからではなく、その人が相手を脅かしていることを示すからです。そして、その表情を脅しと判断して、闘争か逃走かにかかわらず適切に反応できることが適応的になるのです。

他の表情でもこの種の合図伝達が生じるでしょうか。たとえば、笑顔は必ずしも喜びの表れではなく、むしろ他人と協力したり、仲良くしたりする準備がこちらにできていることを示しています。顔では笑っていても喜びを感じていない経験が、皆さんにもありますよね。他人の前で困惑したり、上司の命令にしぶしぶ従ったりする場合がそうです。もちろん、嬉しいときに笑って、「協力的な」顔を見せることはありますが、怒っているときに同じ表情を見せることも起こりうるのです。意図を重視する立場では、どちらの例も、本人が感じている感情と協力しようとする意図とは無関係です。それでは、表情表出に関するこれら二つの対照的な説明をどのように考えればいいのでしょうか。実験の結果、一方の理論がもう一方の理論に対して絶対的に支持されることは、めったにありません。ここでの論争も同じことがいえそうです。しかしながら、パーキンソンがまとめた最近の論文によると、表情表出において意図を重視する立場のほうに、わずかながら分がありそうです。図5‐2に示した写真の表情をご覧ください。これらの表情が伝えるのはこの人物の感情でしょうか、それともこ

写真は Minear, M., & Park, D. C. (2004). A life-span database of adult facial stimuli. *Behavior Research Methods, Instruments, & Computers*, 6, 630–633. より転載。

図 5-2　表情が伝えるのは感情か、それとも意図か

の人物がこれからしようとすることでしょうか。

もちろん、日常生活でコミュニケーションする際に、表情だけが生じることはほとんどありません。対人距離や視線の向き、姿勢、ジェスチャー、口調など、たくさんの他の行動が変化することで表情のメッセージが補われることはよくあります。第3章で結論づけたように、非言語コミュニケーションはパターンや全体的なレベルで決まります。たとえば、極端な怒りの表情（脅し）は、怒りを向けている相手に対する素早い動作や緊迫した姿勢、凝視と一緒に起きて、警告の意図を持つかもしれません。加えて、もし何か言葉を発したなら、その声は大きく、威嚇している可能性があります。実際に、姿勢や声を手がかりにして、私たちはその表情がどれくらい激しい気持ちを表しているかや、率直な気持ちを表しているのかを判断します。怒った顔や怯えた顔をつくることはすぐにできるかもしれませんが、もし身体の力が抜けていて声が穏やかだったら、その表情は嘘か皮肉だと周囲から判断されるでしょう。表情を手がかりにして、その人物に関するきめ細やかな情報を知ることができます。しかし、表情がどんなメッセージを持つかを判断するためには、全体的なパターンに注目することが大切になります。

◉自己を知る

私たちは他人の行動を見て、その人物の特徴や動機に関する基本的な情報を得ることができます。そしてこの情報は、私たちがその人と関わって対人目標を達成しようとする際に役立つのです。ただし、行動している本人が、その行動から〝自分自身〟についての情報をどうやって得るかは、はっきりしていません。私たちの直観と相入れないかもしれないこの話をはっきりさせるために、感情や認知、行動との関連性についての常識的な見解を考えてみましょう。通常私たちは、自分の行動は感情や態度、社会的判断のような内的プロセスが外部に現れたものと考えています。つまり、ある人の行動は、内的な感情や認知の産物というわけです。言い換えると、因果関係の方向は、内的な感情や認知から外的な行動へという流れになります。

しかし、因果関係の方向が反対になることが、しばしばあります。行動を方向づける可能性のある確かな思考や感情を経験する前に、人々が行動する場合です。ベムの自己知覚理論によれば、私たちは多かれ少なかれ自動的に行動し、後から自分の思考や感情に気がつきます。すなわち、私たちはその行動が起きた後で原因帰属を行っているのです。たとえば、私たちが周囲の人々の行動をしばしば自動的に真似することを、多くの研究が報告しています。行動模倣はコミュニケーションでよく起き、会話の相手に対して好ましい反応を導きます。会話中の一方が姿勢を変え、もう一方がすぐに真似をすることがあります。コミュニケーション中にこれが頻繁に起きますと、通常、模倣された人は模倣した人への好意を強めます。同じことが表情表出でも起きます。つまり、他人の表情のような社会的な刺激に対して自動的に表情を表出することが、感情を「感じる」前に起こりうるのです。顔面フィードバック仮説（facial feedback theory）は、自動的な表情表出によって脳にフィードバックが生じ、感情状態を調整するのに役立つことを示しています。このように、自発的な笑顔の表出は肯定的感情を高めて、しかめっつらの表出は否定的感情を高めます。姿勢や動作の急速な変化も、同じように感情に影響を与えます。かつて長距離走者だった私は（今はジョギングするくらいですが）、走った後に気分が良くなることを経験的に知っています。短い時間キビキビ歩いた程度でも気分は良くなります。もちろん、行動が思考や感情に及ぼす影響にも限界があります。意識的に制御した行動では、同じような感情の誘導は生じないでしょう。たとえば、感じの悪い上司に部下が愛想笑いしても、突然上司を好きになったりはしないのです。

効用と効率性

私たちの外見や行動は、周囲の人々に私たちが何者であり、これから何をしそうかを伝えます。そして、私たちは他人の同じ情報を手がかりにして、コミュニケーションのなかで適切な判断を下しています。このことは、ほとんど、あるいはまったく意識することなしに、たいてい自動的に起きています。結果的に、私たちは他人と関わることを非常に効率的に行っています。もちろんメッセージを伝える際や、社会的な判断を行う際に、より意識して行うことも可能です。認知的な努力をし、行動や判断を修正したり調整したりして、うまくいくこともあります。このような取り組みをするためには、考えるための認知的な資源があり、十分に動機づけが高められている必要があります。

しかしながら、私たちの行動や判断を認知的に制御することに関していえば、「多ければ多いほど良い」という想定は、単純に間違っています。メッセージを伝え理解する際の自動的な処理は、たいてい十分に優れています。簡潔でよく学習された行動習慣は、自動的にうまくいきます。実際、これらの自動的な習慣を意識して隅々まで制御しようとすると、コミュニケーションがぎこちなく、バラバラになってしまいます。同様に、自動的に行われている印象形成について考えすぎると、第一印象では比較的正確であった判断が低下してしまいます。自動的な過程の効用と効率性は、他人とコミュニケーションするうえでの基礎になっており、そのことを予測可能にしているのです。他人とうまく関わることに関していえば、通常私たちは自分が知っていると思うよりも、そのことをよく知っているのです。これは幸運なことで、私たちは認知的に手を抜きながら、社会生活を営むうえで近道することができているのです。

第6章　相互作用の調整

「相互作用をする」とはどういう意味でしょうか。ほとんどの人は、おそらく友達と話をするとか、家族と話をするとか、仕事仲間と会議をするというような例を思い浮かべるでしょう。また、電話で話をするような遠く離れた相互作用もあるでしょう。しかし、相互作用とは、単に話をするだけではありません。社会学者のアービング・ゴッフマンは、異なる相互作用の重要な違いを述べています。まず、私たちの普通の相互作用は、いわゆる「焦点の定まった相互作用（focused interaction）」です。つまり、共通の関心を持って会話している人々の相互作用です。また、ゴッフマンは、「焦点の定まらない相互作用（unfocused interaction）」についても言っています。これは、お互いに話をする気はないのに、お互いの存在に影響を受けている人々がいる状況です。つまり、焦点の定まらない相互作用では、他人が近くにいるので、単純な行動調整をすることで相互に〝関わって〟います。たとえば、店でレジに並んで待ったり、病院の待合室で座るところを探したり、エレベーターに乗るときなどに、周りの人に対してわずかですが自分の行動の調整をします。

焦点の定まらない相互作用

私たちは、知らない人と一緒にいるとぎこちなさを感じることがよくあります。気持ち良くさっさと自分のすべきことをしたいですが、知らない人がそばにいるのでためらいます。このためらいを何とかしたいので、人は他人に気遣いながらも自分の意図を伝えます。つまり、非言語行動によって自分の位置や相手との関係を調整します。こうした行動調整は、人が一緒にいる状況を心地良く見通しの良いものにします。実際、各文化には明文化されていないながらも、人々の共存状態を調整する暗黙のルールがあります。

◉近すぎて気詰まり

私たちはどのようにしてこの暗黙のルールを見つけ出し、焦点の定まらない相互作用で起きていることを説明するのでしょうか。ゴッフマンは社会学に共通の方法を使っています。つまり、いろいろな社会的場面で人々のわずかなやり取りを観察して共通性を見つけ、その底にある過程を提示するのです。この問題について、実験的なやり方に、より関心を持つ研究者もいます。私が大学院にいた1960年代の中頃、人は対人距離をどのように調整するかという実験的な研究が始まりました。たとえば、ナンシー・フェルプとロバート・ソマーは、自分一人でいる空間に誰かが侵入してきた場合、どのように反応するかを調べました。精神科病院の男性患者、大学の図書館にいる女子学生が参加者です。病院での最も接近した距離条件では、男性実験者が参加者の隣約15センチに座ります。実験者は時々、鍵をガチャガチャと鳴らして自分の権威を誇示しました。結果は、わずか2分後に、侵入された参加者の36%が席を離れました。一方、侵入されなかった参加者は誰も席を離れませんでした。20分後に、侵入された参加者の64%が席を離れました。しかし、侵入されなかった参加者（統制群）で席を離れた人はわずか33%でした。このように、急いで席を離れるという行動は、患者が権威のある人の接近に対して明らかに不快を感じたという印です。二番目の研究は、この結果が男性権威者の患者への接近に限っていないことを示しています。大学の図書館で一人で座っている女子学生への他の女子学生の侵入に対しても、同じような反応がありました。侵入された参加者の45%が、10分後に席を離れました。一方、侵入されなかった参加者で席を離れた者は5%以下でした。フェルプとソマーは、図書館の参加者は時々、侵入者から身体を逸らしたり、自分と侵入者の間にノートを置いて適応することも観察しました。

私はこの研究に興味を持ち、空間侵入に対する反応をもっと詳しく調べました。二人の学生シェリー・ムレンとジーン・ロマノの協力で、フェルプとソマーの図書館実験の一部を追試し、空間侵入に対するわずかな行動変化を調べたのです。図書館に参加者がテーブルに一人で座っている、食事時間帯という、人が少ないときに行いました。適当な参加者を選んで、観察者（評定者）が一つテーブルを隔てて参加者に向かって座ります。この位置からは、10分間の侵入に対する参加者の行動をはっきりと観察できます。そして、四つの位置条件のうちの一つに、実験協力者（侵入者）が座ります。すなわち、真向かいまたは、一つ、二つ、三つ席を隔てた隣に座ります。さらに侵入者は、参加者や参加者がしていることに、30％程度の視線を向けます。

一般的に、隣に最も近い位置と、そこまで近くはなくても真向かいの場合に、侵入者からより身体を避けるように傾け、侵入者を遮《さえぎ》っていました。遮り方は、自分と侵入者の間に腕を入れたり、侵入者から自分の身体を離すように傾けるものでした。最も近い二つの条件で、参加者は侵入者に視線を頻繁に向けました。おそらく、この不躾な他人をもっとよく知ろうとしたのでしょう。座席の位置は、10分間の実験終了前に席を離れた参加者の人数に、影響を与えませんでした。席を離れる参加者は少数でした。しかし、侵入されてから席を離れるまでの時間（潜時）には、大きな差がありました。最も接近した条件で、席を立つ平均潜時は約30秒でした。一方、他の条件での平均値は、6分以上でした。

男性参加者は自分の真向かいに座った協力者をより頻繁に遮り、一方、女性参加者は最も近い隣の席に座った協力者を遮りました。数年後のフィッシャーとバーンの研究でも、この男女差について、図書館の空間侵入実験で結果を見いだしています。特に、男性が1人で図書館のテーブルに座るときは、本やノートなどを自分の真向かいに置くようです。一方、女性は自分のすぐ隣に何か置くようです。男性は、自分の真向かいに座っている他人と視線が合うことを気にしており、女性は、身体的に近い隣からの他人の接近を気にしているためかもしれません。このように、明らかに男女とも、気になる位置を守るために何か物を置くようです。

多くの空席があるにもかかわらず侵入者が接近してくる場合、私たちは不安になります。たとえば、劇場やスポーツ観戦で、他人同士が10～20センチくらい離れて座っているのは当たり前です。ほとんどの場合、私たちはすぐ近くに誰かが座っていることを好みません。しかし、イベントなどで多くの人がいる場合は、他人の近くに座るのを平気に思うようです。混雑時間帯の公共交通機関などに乗る場合も同じです。電車で席が二つしか空いてない場合に、あなたの隣に誰かが座っている状況と、9割ほども空席があるのに誰かがあなたの隣に座っている状況は、非常に違います。後者の場合は、他人が隣を選んで座っていることになり、望まない関わりが生じます。その結果、あなたはとても不愉快になり、無神経な侵入者に不快感を持ちます。それは、見知らぬ他人が近くにいるという単純なことではなくなり、その他人がいる状況が問題になります。

もちろん、見知らぬ他人が近くにいることが、いつでも不愉快なわけではありません。愉快なパーティーやスポーツ観戦のような興奮するような場所では、他人が近くにいて密なほうが楽しみが倍増します。この原稿を書いていたのは、オバマがアメリカ大統領に選ばれる2週間前でした。オバマのスピーチを聞くために、シカゴの湖畔にあるグラント公園に集まった群衆はさまざまな人たちでした。私はこの光景をテレビで見て、密集した人々で混雑した状況は、その夜の特別な興奮とお祭り騒ぎをさらに盛り上げているように感じました。

◉私を見ているの？

公共場面で他人から適切な距離を保つ以上に大事なことは、自分で距離をコントロールできることと安心してそこに居られることです。実際、視線の影響は距離だけの影響よりも大きいのです。つまり、私たちの空間侵入研究で、実験の対象者に向ける視線が距離の影響を強めていました。私たちは焦点の定まらない相互作用でも、他人に視線を向けます。それによって他人について知り、彼らが何をしようとしているかを知ることができます。視線を向けられていることがわかると緊張して、時には落ち着かなくなります。空間侵入実験と同様、公共場面でにらまれるという実験でわかったことは、にらまれた人は不愉快になり、そうではない人と比べるとすぐにその場を逃げ出します。もちろん、その場の環境、にらまれている時間、そのときの表情、にらまれた人自身の要因なども関係しています。そうはいうものの、このことは、テレビでよく見る危険で大胆な行為についての忠告のように役に立ちます。つまり、「皆さんは決して真似しないでください」というあれです。殴られたり、警察にとがめられることになるかもしれませんよ。

見知らぬ他人をにらむことと単に視線を向けることとの間にも、違いがあります。にらむことは社会的規範を犯すことです。視線を向けるだけならごく当たり前のことで、多くの場合、必要なことでもあります。私たちは人々の集まっている場所に入るときは、普通、室内を見渡してどんな人がいるかをざっとつかみます。特に魅力的な人がいたり身なりの変わった人がいたら、その人をずっと見ることなるでしょう。こちらからのちょっとした視線に相手が見返してくれることで、会話が始まるきっかけにもなります。さらに微笑して見返してくれると、会話へのもっと大きなきっかけになるでしょう。

◉通りすがりの出会い

日常生活で私たちはいつも他人のなかにいます。では、周りにいる人の誰が他人であると見分け、その人を避けるのはいつでしょうか。ゴッフマンは、公共場面で人はどのように振る舞うかに興味を持ちました。そして、注目と回避に影響を及ぼす過程を考察しました。特に「儀礼的無関心（civil inattention）」と名付けられた過程は重要です。これは、まず相手を認めて次に知らん顔をするという一連の行動のことです。たとえば、見知らぬ人同士が歩道で向かい合って近寄る場合、まずお互いにちょっと視線を交わします。これは、2・5メートルくらいの距離から始まります。相手にちょっと視線を向けるのは、単に相手の存在を認めたという印で、話をしましょうという意味ではないのです。ゴッフマンによると、他人同士がもっと接近すると、お互いに視線を外すことで相手のプライバシーを守ろうとするというのです。彼はこの行動を、夜、対向車が近づいたときに、相手がまぶしくないように車のライトを下向きにすることに例えています。

私は、このような通りすがりの出会いが実際どのように行われているか、ゴッフマンの言う儀礼的無関心というのはよく見られるものかどうかを、研究することにしました。この歩行者同士間の微妙

参加者
前後左右に誰もいない1人の歩行者。
実験協力者
歩行者から約 12 フィート（約 3.66m）離れた所で実験条件を始める。
観察者
協力者から約 30 フィート（約 9.14m）うしろからついて歩く。協力者の手による条件開始の合図を見てから歩行者の行動を観察する。

図 6-1　通りすがりの出会い実験状況

なやり取りを体系的に調べるために研究パラダイムを工夫し、多数の観察をもとに、歩行者がすれ違う約3・5～4メートルを、重要な通りすがりゾーンと定義しました。つまり、この範囲内で接近する歩行者がどのように反応し合うかを研究したのです。実験協力者と、そのうしろ約10メートル離れてついていく観察者の二人で実験を行います。比較的平らでまっすぐな歩道を選びました。そこなら、こちらへ向かってくる歩行者（参加者）がよく見えるし、歩行者もこちら側の実験協力者を見ることができます。接近してくる歩行者が3・5～4メートルあたりに来たときに、実験協力者は次の3条件のうちの一つを実行します。①視線を避ける、②視線を向ける、③視線を向けて微笑するの三つです。そして

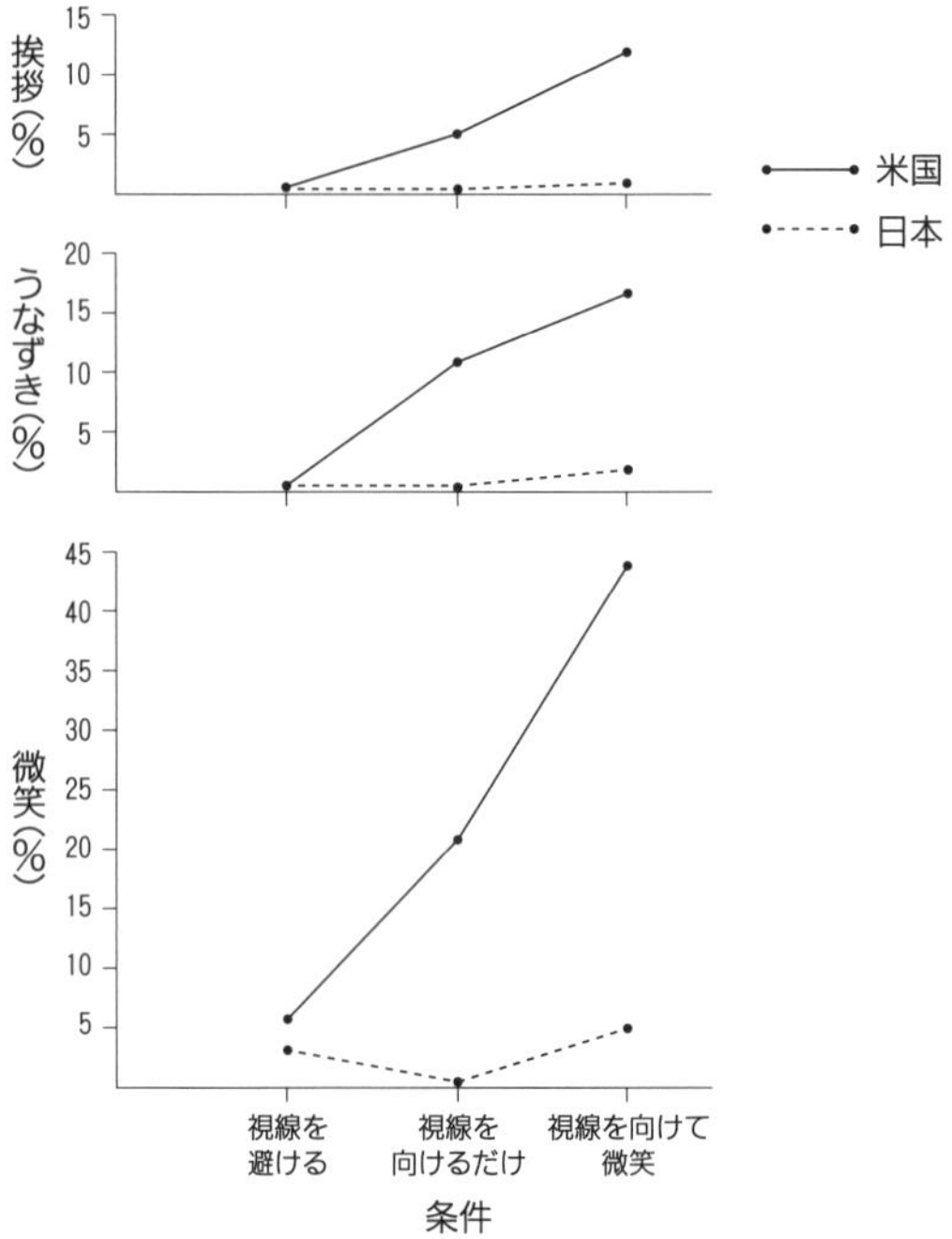

図 6-2　視線と微笑が日米歩行者へ及ぼす影響の比較

後からついていく観察者は、すれ違ったときの歩行者の反応を観察します。この実験状況は図6－1に示してあります。

2千回以上行った四つの研究を通して、興味ある一貫した結果を見いだしました。アメリカ人の参加者では一般に、返報性が見られました。つまり、視線を向けられたら自分も相手に視線を送るというように、歩行者は接近してくる実験協力者の示す行動に返報したのです。実験協力者が視線を向けて微笑むという行動は、特に強い効果を持っていました。そして視線を向けるだけの条件より視線を向けて微笑するという条件で、歩行者が協力者に視線を向けて微笑することが非常に多くなりました。時には、協力者が視線を向けて微笑すると、歩行者はうなずいたり、また挨拶することさえもありました。しかし、日本の松江市で行った同じ実験では、非常に異なる結果になりました。特に、協力者が視線を向けて微笑しても、歩行者が視線や微笑を協力者に返す行動は増えませんでした。図6－2に、日本とアメリカの参加者の大きな違いを示しています。

日本では、赤の他人に対して返報するという義務はないのかもしれません。知らん顔していてもいいという一般的な合意があるのでしょう。さらに、日本では「面目を保つ（saving face）」のが大切で、公共の場でみっともない振る舞いをしないよう、非常に気を使うようです。

◉焦点の定まらない相互作用の重要性

焦点の定まらない相互作用は面白く、好奇心をかきたてる事象です。これがなぜ重要なのでしょうか。近年、社会的認知研究は、顕在的態度と潜在的態度のそれぞれが行動に及ぼす影響について、詳細に伝えています。顕在的態度は意識できて、自己報告することもできます。したがって、政治や宗教についての態度尺度に、自分が感じていることを意識して回答することができます。これに対して潜在的態度は意識できないので、自己報告できません。一般的に、意識して注意深く決定を下すのに必要な時間や注意が欠けているときに、潜在的態度が行動に影響を及ぼします。偏見のような社会的に微妙な問題の場合には、顕在的態度と潜在的態度が食い違っていることがあります。外集団の人に肯定的で顕在的態度を持っている人でも、無意識的には否定的な感情を持っているかもしれません。そのような場合は、ちょっとした焦点の定まらない相互作用のときに、無意識の偏見が現れるかもしれません。たとえば、すれ違うときに相手を避けたり、レジに並ぶときに相手から離れたりするような行動として、潜在的で否定的な態度が表面化するかもしれません。しかし、焦点の定まった相互作用である会話の場面では、否定的な態度が表に出ることはありません。このように、焦点の定まらない相互作用でときおり見られる素早い行動変化は、本人にも気がつかない判断が反映されています。

焦点の定まらない相互作用が重要である二つ目の理由は、他人とのちょっとした出会いもまた、その後の相互作用へ影響を及ぼすことです。多くの研究によると、非常に誘意性の高い単語やイメージを見ると、その後の判断や行動が影響を受けるのです。否定的なステレオタイプと関連した単語やイメージへの閾下（subliminal）の接触によって、その後、否定的な行動をするようになるのです。これは、実験室で単に単語やイメージに接触するだけでも起こっていますので、実社会における焦点の定まらない相互作用での接触になると、次に起こる相互作用に大きな影響が及びます。たとえば、歩道ですれ違うとき、外集団の見知らぬ人が不意に微笑や挨拶をしてきたら、次に出会う外集団の人への微笑が増えるのでしょうか。また、肯定的な接触が繰り返されると、それが潜在的態度と顕在的態度に何か影響を及ぼすのでしょうか。

最後に、焦点の定まらない相互作用は、ある文化内の社会組織の大きな問題への見方を示してくれます。つまり、焦点の定まらない相互作用の過程は、見知らぬ他人に関わる規範や特別な行動パターンの効用について教えてくれるのです。たとえば、日本とアメリカで行った通りすがりの出会いの実験で、実験協力者が示す「視線を向けて微笑する行動」に対する反応に見られた大きな文化差です。日本の歩行者が示す回避は、公共の場での出会いで面目を失ってきまり悪くならないよう、見知らぬ人への返報の義務はほとんどないということの表れです。これに対して、アメリカ人の歩行者には返報が多くありました。これは返報性を重視し、見知らぬ人にも開放的であることを示そうとすることです。しかし、ひとつの文化のなかでも、地域差や都市部と田舎の違いがあることを理解しておくことも大切です。歩行者実験は、セントルイス以外のアメリカではまだ実施していませんが、小さな町や南部では大都市や北米より返報が多く、より開放的であると予想されます。結論として、焦点の定まらない相互作用の研究は、いろいろな文化内の個人や広範な社会組織を理解するための独特な観点を提示してくれます。

焦点の定まった相互作用

前節で、焦点の定まらない相互作用における非言語コミュニケーションの効用が明らかになりました。焦点の定まらない相互作用では、人々は、挨拶以外は非言語コミュニケーションだけで相互作用をしています。焦点の定まった相互作用では会話での相互作用が主ですが、会話そのものでも、実際には非言語コミュニケーションが重要な役割を果たしているのです。おそらく会話で最も重要な非言語的要素は、二人の位置関係です。

◉配置

対面でのやり取りでは、普通、お互いの視線を自由に交わせるところに位置をとります。言い換えると、一般に会話では、比較的対面となる位置を選びます。もちろん例外もあります。たとえば、恋人同士は、レストランではテーブルをはさんで向かい合うよりも、隣り合わせに座るかもしれません。また、一つの資料を一緒に見て話し合うようなときには、二人はたいてい同じ方向を向きます。さらに、家具などの配置に制限され、快適な対面位置にならないこともあります。数年前に私は、二人の学生チャールズ・ロスとクレア・シャンクと実験を行いました。実験では、4人集団の相互作用で、距離（近いまたは遠い）と配置（円型またはL型）を変えると、4人の行動にどういう変化が起きるのかを観察しました。すると、特に円形の集団に比べてL型集団では、姿勢を変えたり自分に触る行動が多く見られました。自分に触る行動は、不快感の表れだと思います。またL型集団では、話の交替の間に長い休止がありました。さらに、L型集団で頻繁に姿勢を変えた人は、少ない人よりも集団に高い満足感を持っていました。姿勢を変えるのが多くなったのは、他のメンバーに対してもっと真っ直ぐな向きになるための調整だったのかもしれません。

小集団での対面構成は、単にコミュニケーションに便利なだけではありません。向かい合うことでその集団の人数が正確にわかります。そして、集団と周りの環境を区別することができます。たとえば、廊下を通りがかった人は普通、立ち話をしている人々を避けて歩きます。集団配置の形を見ると、その集団の性質もわかります。序列がある集団では、たいていテーブルの上座で討議などの統制をしている人がリーダーです。これに対して平等な集団では、はっきりとしたリーダーの位置のない丸テーブルのほうがうまくいくようです。

◉動的な（ダイナミックな）特徴

対面での会話には、単なることばのやり取り以上のものが含まれています。ことばのコミュニケーションを補う最も基本的な非言語行動の働きは、前章で述べました。つまり、話し手と聞き手の非言語コミュニケーションは、話の内容に彩りを添えるのです。話し手の生き生きした表情がメッセージの内容にめりはりを付けます。また聞き手の表情も、話し手のメッセージへの非言語的な反応を示すのです。本節では、会話の相互作用における非言語行動の調整の役割を中心に述べます。特に、話し手と聞き手の非言語行動が、会話の調整にどのように役立つかを見ていきましょう。

話し手の行動

スピーチは、名目上は非言語行動とは区別されていますが、この二つのチャネルは実際には密接に結びついています。おそらく最も基本的な違いは、話し手はジェスチャーを使いますが、聞き手はあまり使わないということです。もちろんこのルールに例外もあります。ジェスチャーは発話することと密接につながっています。そこで、デイビット・マクニールや他の専門家は、ジェスチャーは言語体系の一部であると主張しています。この関係を理解するには、まず発話分節（speech segments）の性質を考えるのが有益です。スピーチの一つの基本的な単位は音素節です。音素節というのは、1から7～8音節の長さで、一つの単位として話されるスピーチの識別可能な分節です。音素節の終わりは次の三つの特徴でわかります。①節の最後の単語に上昇して下降する音があります。②節の最後の単語の発音が長く引き伸ばされます。③最後の音節または単語の発声が徐々に大きくなります。次の例は二つの音素節を持つ文章です。大きい声で読み上げてみてください。

When we leave/ we'll drive west.（私たちが出発するときは、車で西の方へ行きます。）

〝leave〟と〝west〟という単語が発語されるときに、各節の終わりを示す三つの特徴が見られます。さらに〝leave〟と〝we'll〟の間の休止は、どの二語間の休止よりも長くなっています。二つの音素節間の休止は、末尾連接（terminal juncture）という名前で知られています。

ジェスチャーを含む話し手の動きは末尾連接のあたりに集中していますので、スピーチ構造は大切です。つまり、ある音素節の終わりの音節と、次の音素節の初めの音節の間のどこかで、ジェスチャーが現れます。普通は1秒以下の非常に短い休止ですから、末尾連接のあたりで現れる動きの機能については、異なる考え方があります。まず、動きは音素節の終わりの単語を強調している、という考え方があります。つまり、動きが先ほどの音素節を強調している、というのです。これとは対照的に、動きは本来、先行するものなので、次の音素節を言うために必要なものと関係している、という考え方もあります。

ジェスチャーは発話するときに、ある役割を果たしています。特に、特定の単語や句を思い出せないときに明らかになります。発話と緊密に結びついているジェスチャーは、語彙《ごい》的ジェスチャー(lexical gesture)として知られています。ジェスチャー研究の第一人者のロバート・クラウスは、語彙的ジェスチャーの効用を示すいくつかの特徴を取り上げています。たとえば、ジェスチャーはよく準備されたスピーチより、自然なスピーチの場合により多く見られます。つまり、発話内容がよく準備されているときには、語彙的ジェスチャーの助けはあまり必要ではありません。次に、スピーチを思い出すときのジェスチャーは、話し手が次に言う語を探して止まっている間によく出てきます。つまり、ジェスチャーは語彙的休止に続いて、スピーチを始める前また同時に現れますが、スピーチ開始後に現れることはありません。さらに、適当な語を思い出すための休止が長いほど、ジェスチャーも長く続くのです。話し手が長い間、声を出さなくなる例としては、物語を話していて登場人物の名前を忘れるときです。話し手は、「彼の名前は……えーと……サムです」と言うかもしれません。「えーと(…… ahhh ……)」と話すのを止めているの間に、話し手は「サム」と言えるまで、小さく円を描くジェスチャーをしているかもしれません。話し手にジェスチャーをしないよう指示すると、面白いことにスピーチがぎこちなくなり、休止や言い間違いが多くなります。

このように、ジェスチャーは発話に重要な役割を果たしていますが、話し手の他の行動においても特徴があります。話し手の姿勢の変化と身体の動きの範囲は、発話内容の変化の程度に呼応していま す。つまり、発話の量が増えると身体の動きも大きくなるのです。手の位置を変えるようなわずかな動きは、関連するコメントの間に現れやすいのですが、大きい姿勢の変化は話す内容が大きく変わるときに出やすいのです。このように小さい動きは関連する文の間を反映しており、大きい姿勢の変化は話題が大きく変わることを反映しています。ときおり私は、相手先への訪問が長引いたので切り上げたいとき、締めの話をしようとよく目立つように椅子から身を乗り出します。これはもう話し合いが終わりに近づいてきているという、ちょっとしたほのめかしになるのです。

また、話し手の視線のパターンにも特徴があります。普通話し手は、聞き手が話し手を見るよりも、聞き手に向ける視線は少ないのです。この注視の違いは、スピーチの解読よりスピーチの記号化に認知的負荷がかかるからです。特に、聞き手から視線を外すことで、スピーチを組み立てることが容易になります。これは、話し手が正しい語句を探して休止するときによく見られます。あるときには、適切な語を探して想像上のテレプロンプター(*訳注1)にさっと目を通すため、話し手の視線は上のほうへ動きます。では、視線の方向を変えるのにはどんな効果があるのでしょうか。相手とずっと目を合わせていると覚醒が高まります。視線を外すことで発話を妨げる覚醒を低めて、発話しやすくなるかもしれません。このように、語彙《ごい》的休止の間に視線を外したりジェスチャーをすることで、発話しや

*訳注1　teleprompter。テレビなどの出演者に原稿を一行ずつ拡大して見せる装置。

すくなるのです。

聞き手の行動

聞き手でありながら、ときおり、発声するという筋違いなことからお話ししましょう。ここでの違いは、話すのを交替することと、話し手の意見に対する反応を声に出すことです。たとえば、聞き手は話し手の話に同意して、「ふんふん（mm-hmm）」「そうだね（yeh）」「オーケー（okay）」と発声することがあります。これは、聞き手が話し手に取って代わろうとしているのではなく、単に話し手の意見を認めたり注目している印です。バックチャネル（＊訳注2）と呼ばれるこのような発声は、話し手に話し続けるように促します。うなずきは、もうひとつのバックチャネル反応です。バックチャネル反応や聞き手の微笑のような反応がないと、話し手は自分の意見を相手が理解しているかどうか気になるかもしれません。そして、前に言ったことを繰り返したり、さらに詳しく言うかもしれません。話し手の動きと同様に、こういった聞き手の反応は、発話中のどの位置よりも音素節の間でよく起こっています。

一般的に聞き手は、話し手が聞き手を見るより多く話し手を見ます。聞き手の注目は重要です。なぜなら、メッセージの一部は、話し手の表情のような非言語行動で伝えられるからです。このように、ことばの内容は話し手の表出行動で弱められたり強められたり、また逆の意味になることがあり

＊訳注2　back channel。話し手の話に対し聞き手が示すフィードバックのこと。

ます。もちろん視線パターンの違いは、スピーチの記号化の必要性に応じて話し手が視線を減少させたためでもあります。また、状況によって、話し手と聞き手の視線のパターンが異なることを理解するのも大切です。たとえば、権力の違いがはっきりとしている人々の場合は、高い地位の人が話すときの視線パターンは、一般的なパターンとは逆になります。つまり、高い地位の人は、低い地位の人に対して話しているときのほうが、低い人が話しているのを聞いているときよりも、多く視線を向けるでしょう。このような逆転現象は、権力の違いに対応しています。特に、高い地位の人は話しているときに低い地位の人をよく見ることで、低い地位の人の反応を注意深く監視することができます。高い地位の人が低い地位の人の話を聞いているときに視線をあまり向けないのは、低い地位の人への注目は重要でないという印なのです。そして、高い地位の人と関わるときの視線パターンには文化差もあります。高い地位の人の話を聞いているときに相手に視線を向けないのは、注目していないとか同意していないのではなく、尊敬の印という意味もあるのです。

話す順番の交替

話し手と聞き手が話す役割を交替をするときには、非言語行動が特に重要です。つまり、話し手が話を終えて、聞き手が話し始めるときです。時には同時発言や中断もありますが、たいてい交替は効率良くきちんと行われます。話す順番の交替に関する以下の話は、スターキー・ダンカンと彼の同僚が、1970年代に行った一連の研究に基づいています。一つ目は、話し手が話し終えようとするときは、言語と非言語の合図を組み合わせて自分の順番の終わりを示します。言語の合図のひとつは、文法節の完了です。話し手が途中で話を止めることはありません（文章を書いている著者も、途中で止めることはありません）。話す順番を終える二つ目の合図は、求社会的連鎖（sociocentric statement）です。たとえば、話の終わった後に言われる「ですよね（you know）」などのような決まり文句です。次に、話し手はジェスチャーをやめたり、緊張した手をゆるめたりします。その他の話の発話交替の信号は音声的なものです。①音素節の終わりの2〜3の音節において、イントネーションの変化があります。②音素節の終わりの音節において、母音を長く引っ張って発音します。③音素節の終わりの2〜3の音節において、声の高さや声量の減少があります。話し手が話す順番を終えるとき、このような合図のすべてがあるわけではありません。しかし、これらの合図が多いほど、同時発言なしに話す順番の円滑な交替ができます。

聞き手が話す順番を交替しようとするときには、別の合図をします。まず、話し始める直前に、相手に聞こえるぐらいに息を深く吸い込みます。二つ目は、聞き手は話し手から頻繁にちょっと顔をそむけます。また、聞き手は話し始めるときに、ジェスチャーも始めます。活発な集団討論を見ていて気がついたことがあります。話したくていらいらしている聞き手が、話し手のほうに身を乗り出してから伸び上がるようにして、集団のなかへ割り込むようなジェスチャーをしました。また、「そう（yeh）」「オーケー（okay）」などのようなバックチャネルに比べると、話し出すときの最初の声は大きくなります。そして、これから話し出す聞き手は、「しかし（But）」「さて（Well）」と大声で始めて、これから話すことを強調するのです。このように、話し手と聞き手の協応したパターンは、会話の相互作用の見通しや効率を良くするのです。

非言語調整の効用

他人との対面的な交流は、主に非言語コミュニケーションによって調整されています。焦点の定まらない相互作用では、他人と会話をするという期待はありませんが、その場に一緒にいるので微妙なやり取りがあります。歩いたり、列に並んだり、待合室に座ったりなど一人で行動しているときも、見知らぬ人への行動を調整しています。当然、他人も同じことをしています。このような状況で、たいていの人はいろいろな動機を経験します。友好的に見せたいけれど、同時に見知らぬ人を警戒したりします。さらに、ある程度の自分のプライバシーも守りたいし、相手のプライバシーも尊重したいと思っています。その結果、他人への接近と回避の両方が見られます。たとえば、他人をちらっと見てから視線を外すなどの行動です。ときおり、近くの他人に微笑んだりうなずいたりするかもしれません。そして、いつもではありませんが、相手もお返しをするかもしれません。私たちの行った歩行者の通りすがりの出会い実験で、すれ違うときの人々の行動規範は文化によって異なることがわかりました。まとめると、焦点の定まらない相互作用では、非言語コミュニケーションが他人との相互作用を調整する手段だということです。そして、これは自分では気づかずに自動的に行われていることが多いのです。

焦点の定まった相互作用では、非言語行動、音声の合図、ことばの合図が組み合わさって、聞き手と話し手の間の情報のやり取りを円滑にしています。話し手が話の記号化、聞き手が解読に集中しているとき、両者は非言語や音声の合図を使います。これによって、ことばの相互作用の見通しが良くなり、円滑になるのは確実です。これは発話を交替する過程で見られる、話し手と聞き手の間の相補的なパターンによく現れています。

第7章 親密性の表現

親密性はすべての対人関係で重要となる概念です。研究者の間でも親密性の定義はいまだ一致していません。しかし、おそらくほとんどの人は、親密性というものを知っていると思うでしょう。たとえば、手をつないでお互いに憧れのまなざしで見つめ合っている若い恋人たちを見かけるかもしれません。また、母親が赤ん坊をあやしたり、親友と久々に再会した感動を分かち合うときにも、親密さを感じるでしょう。もちろん、このような例ではその行動の意味することは、はっきりしていそうですが、いつもそういうわけではないでしょう。だとすれば、人々が抱いている内在的な愛着や愛情としての親密性と、目に見える行動の表出としての親密性を区別することは重要です。

実際、この専門用語の議論は１９６０年代に始まり、今日まで続いています。非言語コミュニケーションの研究や理論において、いまだ解決されていない問題なのです。困ったことに、多くの場合〝親密性〟という用語は、内在的な動機と実際の行動パターンの両方の意味を指して使われていました。通常、親密性には肯定的な意味が含まれます。しかし、「わざと人の鼻を殴るような素振りをする」といった近くにいられる関係だからこそ行える「親密な」行動が、必ずしも肯定的な意味を持つわけではありません。１９８０年代前半に、私は動機と行動の区別をはっきりさせるために、内在的な動機ないし機能としての親密性と、さまざまな非言語行動が指し示す対象としての〝非言語的関与〟との違いを打ち出しました。非言語的関与については、第3章の後半で、非言語行動の基本的なパターンのひとつとして取り上げました。非言語的関与はどっちつかずの用語で、親密性に含まれる肯定的な意味は含まれていません。しかし、親密性の高まりは非言語的関与の増加に現れ、親密性は非言語的関与が増加する原因としての必要条件でも十分条件でもありません。

マクアダムスとパワーズは親密性の動機を、「対人関係の経験に応じて何度も繰り返されるような意識的あるいは無意識的な好みや行動傾向、つまり、温かさや親しさなどについてのコミュニケーション内容」と定義しています。一般的に、対人関係の親密度が高くなると、二者間の非言語的関与レベルが高くなります。たとえば、いつもそうとは限りませんが、相手への接近や接触、視線、表出性などの非言語的関与レベルの高さは、友達よりも恋人同士で高くなります。しばしば、社会規範が、適切な非言語的関与レベルに影響を与えています。たとえば、ビジネス場面とパーティー場面での期待は大きく違います。さらに、相手への接近や視線、接触の形で表される非言語的関与レベルの高さは、親密性を反映しないこともあります。その場合、他人を掌握したり承諾を得るという意味があります。このような対人的影響に関する非言語コミュニケーションの役割は、第8章で説明します。さらに、親密な関係だからといっていつも非言語的関与レベルが高いとは限りません。そのことを理解するのも重要です。たとえば、長年連れ添っている夫婦は互いを気にしません。つまり非言語的関与レベルがとても低い状態であるほうが、時には快適な場合があるのです。しかし、低い非言語的関与レベルで客をもてなすことは、まったく適切ではありません。社会規範では、関係の親密性が低くても訪問者を友好的にもてなす、つまり気を配ってもてなす必要があるのです。

初期の魅力

第4章で、非言語コミュニケーションの生物要因を取り上げました。いくつかの生物要因は、初期の関係でできる魅力に影響を与えます。具体的には、進化的アプローチは外見の魅力の重要性を強調しています。この視点は、特に性的魅力や配偶者選択に関わっていますが、同様の外見の特徴は、さまざまな対人関係のなかで好意にも広げて検討されています。まず、顔が母集団の「平均」あるいは標準顔であれば、魅力的であると評定されます。大規模な集団の個々人の顔をデジタル処理した平均顔の写真は、通常、元の顔写真のどれよりも魅力的であると判断されるという研究結果が報告されています。進化理論によると、母集団の顔の標準に近づくような平均顔は、無難なところ、つまり顔の外見の妥協点に収まります。結果として、平均顔は、健全さや良い遺伝子であることを示す可能性があります。そのため、このような平均顔は魅力が高いと判断されます。顔の外見は赤ん坊や幼児に関する魅力でも重要です。特に、赤ちゃんぽい顔は大人の注意を引きつけ、養育行動を引き出す強力な手がかりとなります。

もちろん、身体的魅力も重要です。背が高く、比較的筋肉質で、ウエスト対ヒップ比（WHR）が同率に近い男性は、そのような特徴を持たない男性よりも魅力的であると見なされます。すらりとした身体でWHRが7対10に近く、透き通った肌で髪に艶のある女性は、そのような特徴を持たない女性よりも魅力的であると見なされます。このような好みは、特に性的魅力や配偶者選択に関連しているのですが、その他の対人関係にも好意的な第一印象を与えるきっかけになります。

初対面時の行動も、第一印象や魅力にとって重要です。相互作用中には私たちの注意の大半は相手の顔に向けられます。一般的に、表出を多くする人、特に好意的な反応をする人は、表出の少ない人よりも好ましいと判断されます。表出の多い人が魅力的であるとされる理由のひとつは、その人を理解しやすいからです。フリットルンドの行動生態学理論では、表出は将来の行動に関する意図を伝えるといわれています。したがって、笑顔は、主に好意的に感じていることを示す合図ではなく、パートナーと友好的に、そして協力的でありたいという合図となるのです。他人が私たちに意図を伝えると、彼らがこれからどのように行動するかについての確信が高まります。そして、相互作用が予測しやすくなり、スムーズになります。表情は意図を伝える最も重要な要素ですが、姿勢やジェスチャー、身体の緊張を解くなどの変化によって補われます。表出的な行動のこのような変化は、相手がどんなことを期待しているかを教えてくれ、それに適切に反応できるようになります。対照的に人々の表出行動にほとんど変化がないと、私たちは彼らを理解することが難しく、彼らがこれからどう行動するのかを予測することも難しくなります。

他人が好意的に反応してくれると、私たちの気分は良くなります。つまり、他人の好意的な反応によってポジティブな気持ちになりやすいのです。相手の行動を真似たり、その表出変化後のフィードバックによって、相手と同じ気持ちを持つようになるかもしれません。したがって、感情状態の変化は単に認知や感情の直接的な変化の結果というだけではなく、私たち自身の行動によってもたらされるものでもあるのです。相手の行動を模倣することで私たちがどのように感じているかを表現することになり、表出的な変化が始まります。言い換えれば、相手の笑顔を真似ることによる顔面の筋肉変化は、私たちが好意的に感じていることを脳にフィードバックします。私たちは否定的に感じるよりも好意的に感じることを好みます。そのため、親和的な人が周りにいると心が休まり、そのような人に魅力を感じるでしょう。

魅力に及ぼす模倣の効果は、相手の好意的な表出を真似るだけにとどまりません。行動模倣は着席位置や姿勢の調整、手や足の動きにも見られます。互いに好意を抱くと、行動模倣は自然に増加します。また、模倣は好意を高めるためにも意図的に行われます。ベイレンソンとイーが行った独創的な実験は、行動模倣がしっかりと統制されたバーチャルリアリティのなかでこの効果を説明しています。参加者はバーチャルリアリティの眼鏡をかけ、具現化されたエージェント（コンピュータ制御下の、人間のようなデジタルコンピュータ上の画像）と相互作用を行いました。模倣条件では、エージェントは参加者の頭の動きを、4秒後に模倣するようにプログラミングされていました。参加者の頭の動きを模倣したエージェントは、模倣しなかったエージェントよりも好まれました。したがって、人工的に頭の動きを模倣するという状況でさえ、好意が増したのです。

第4章では外見の特徴として性的魅力の効果を強調しましたが、その他の非言語手がかりも重要です。時には、パートナーになる可能性のある人に、直接的なアプローチをする場合もあるでしょうが、さりげない合図を送ることが一般的です。社会的状況では、女性は男性にちらっと視線を送り、微笑むことで関心を示すかもしれません。その後、女性は男性に、自分に近づいてくるよう仕向けるものです。そのような場合、男性は自発的に話していると感じたり、女性がその行動を開始したことに気づかない場合もあるでしょう。また、ごく近い距離で視線を合わせることは、魅力的なしぐさとなります。これは接触場面でも見られます。魅力は、相手を見るときの瞳孔拡大によっても伝達されます。ですから、瞳孔が拡大していると魅力的であると見なされるのです。したがって、魅力のこのような自動的な合図は、返報される可能性が高くなります。このような効果は昔から知られていて、中世の遊女が戦略的に用いていました。彼女たちは宮中で権力のある男性の機嫌をとったり、歓心を得るために、瞳孔を拡張するベラドンナ(＊訳注1)を使用しました。

嗅覚手がかりは影響力があり、かすかな香りが性的魅力の要因となります。男性も女性も不快に感

＊訳注1　ナス科の多年草。薬用植物。全体にアトロピンなどのアルカロイドを含む。これが瞳孔拡大を起こさせる。

じさせる香りを消したり隠したりするために、石鹸や消臭芳香剤、スプレーに毎年何十億ドルものお金を投じます。フェロモンの化学信号、つまり身体の分泌物である自然に作り出された香りは特に重要です。実際のところ、男性フェロモンに意識的に気づくことはできませんが、フェロモンは性的魅力に影響を与えます。フェロモンに対する女性の感受性は排卵時に高まります。男性フェロモンから抽出された成分は、多くの香水の主要な要素であり、麝香《じゃこう》には活性成分が含まれています。香水のこの成分の効果は、女性に対して男性の魅力を直接的に高めるのではなく、女性の覚醒や感受性を高めます。香水自体ではなく、結果的に女性の行動に生じた変化が、女性をより魅力的にさせます。

フェロモンやその他の化学的手がかりは、キスの力にも影響を与えます。キスをすることによってもたらされた化学的で神経的なメッセージの複雑な組み合わせは、配偶者となるかもしれない人と遺伝的に適しているかという情報を提供する、という研究結果が報告されています。おそらく、二者間の適合性が高くなればなるほど、キスに喜びを感じます。このことからすると、幸せなカップルというのは、「二人は相性がいい」関係にあると新たに言い表せるのです。男性と女性の自己報告でも、ファーストキスは、それ以上に進んだ関係になることを求めるかどうかの決め手になることを示しています。非言語手がかりに対する強い反応は、感情や判断を決定する特定の刺激特性に気づかずに生じるという例があります。つまり、自分がどのように感じているかを知ってはいますが、なぜそう感じるのかを知る必要は必ずしもないのです。進化理論によるとそのような洞察は、その過程が機能していて繁殖に適しているのであれば不要です。最後に、口と口によるキスがすべての文化で一般的ではないため、キスや性的魅力について一般化する際には注意が必要です。ですので、異性との遺伝的な適合性や配偶者の適合性についての情報を得るためには、その他の手段があるのかもしれません。これも、非言語コミュニケーションのパターンに、文化の効果を思い起こさせるものです。

もちろん、初期の魅力は、外見や行動以上の産物なのです。社会心理学者が行った研究は、魅力に影響を与える多くの要因を明らかにしています。最も重要な要因のひとつは、類似性です。たとえば、生まれ育った環境や興味、態度、価値観、パーソナリティの類似性です。例外もありますが、類似性のもたらす力は一般的に非類似性のもたらす力よりもずっと魅力的です。他人に認められた好みや態度を持つことが強化され、他人と似ていないよりも似ているほうが魅力的です。加えて、私たちは自分と似ていない人よりも似ている人と仲良くなりやすいものです。これは私たちが、どんな内容を話すかという言語面の問題だけではなく、どのように行動しているか、つまりコミュニケーションの非言語的側面に関する問題でもあります。似ている他人に対しては、私たちは非言語コミュニケーションを記号化したり解読する際に、自動的に活動を行う傾向があります。相手の行動の意味について考える必要がなく、自分の行動をしっかりと観察する必要がないのなら、相互作用は認知的に負荷がなく、スムーズに行われます。

他人に対する関係初期の魅力は、最近の対人関係による経験によっても影響されます。その人が拒絶を経験していて新たな関係を見つけることに動機づけられていたら、他人の魅力の評価も変化します。特に、交際に発展する可能性のある人に対する魅力判断が高まります。この効果は、交際に発展する可能性のある人の選択肢が減少するときに見られます。ペネベーカーらは、シングルズバーの研究でこの効果を実証しました。そのタイトルは、「女性は閉店時間にかわいくはならない――心理学へのカントリー・アンド・ウェスタンの適用」でした。バーの閉店時間が近づくにつれて、男性客と女性客は異性を魅力的であると評定しました。しかし、同性に対する魅力は高まりませんでした。おそらく、閉店時間が迫ってくると、交際に発展する可能性のある人を決める自由が減り、そのなかでパートナーを選ばなければならないために好意が高まるのです。これはリアクタンス（＊訳注2）の例であり、好意の増大につながる自由選択の減少に対する反応の例です。これは、「本日限り」や「数量限定」といった販売広告でも一般的です。つまり「希少性」という戦略によって、対人関係にも暗黙のうちに適用されます。これらのすべての場合で手に入れられる可能性が低くなると、通常、可能性のある選択肢に対する魅力が高まります。

親密性‐行動の関連

関係の親密性と非言語的関与には、条件付きで関連があることは明らかです。一般的に親密な関係は、二者間の高い非言語的関与レベルによって特徴づけられています。とはいえ、ときおり親密性は

＊訳注2　自由への脅威に対して生じる自由回復の動機づけのこと。

相互作用で、とても低い非言語的関与レベルを示すことがあります。そして、高い非言語的関与レベルが親密性以外の動機を示すこともあります。では、親密性と非言語的関与との因果関係はどうなっているのでしょうか。非言語的関与の行動パターンを決定するとき、多くの人はおそらく、好意や愛情の形態としての親和動機が基本的なものだと思うでしょう。つまり、相手に対して強い好意的な感情を持っていると、相手は非言語的関与レベルの高い行動をとるのです。対照的に、あまり親しくない知り合いに対して好意的な感情を持っていない場合は、関与レベルの低い行動をとります。

この種の過程は、元来は中心的であり、明確な因果関係を示すこともあるでしょう。したがって、ジョンはメアリーを愛しているから無意識のうちに彼女のそばに立ち、視線を多く向け、彼女の手を握るのです。ジョンがメアリーを裏切らない限り、ジョンが職場の同僚のスージーと話すときには、このパターンは決して見られません。この中心的過程は、親密性や非言語的関与と関連する周辺的過程と対比される場合があります。周辺的過程では、非言語行動（周辺）が主要となり、親密的な感情（中心）を決定します。親密な感情の一連の手続きは、対人関係の親密さなどの内的状態が行動を決定すると多くの人が感じているので、直観に反しているように思われます。実際、親密性と行動の関係は返報的です。あるときには相手に対して抱く感情が非言語的関与を決定し、またあるときには非言語的関与が相手に対する感情を決定するのです。

◉行動の優位性

おそらく、行動の優位性を説明するための最も良い方法は、対人関係を発展させるときに見ることができます。最初の出会いで外見は、印象や初期の好意に影響します。しかし、外見はそのときの相互作用ですぐに補充されやすいでしょう。人がどんなことを話すかというのは重要ですが、非言語行動は、ことばよりも相手に抱く今後の感情に大きな役割を果たします。たとえば、短時間の相互作用を通して、自分が相手ととても積極的に関わろうとしていること、自分が表出的であることに気づくかもしれません。相手に対する視線は増加し、笑顔の頻度も高まります。また、話すときに前傾姿勢になり、ジェスチャーを使います。実際に、相手も表出的で、こちらの高い非言語的関与に対して返報的な行動をします。徐々に行動的な模倣も増加します。この返報的な高い非言語的関与や模倣のパターンは、親密性が確立したレベルだから見られるのではなく、むしろ相互作用の過程で展開します。その相互作用パターンは、もちろん、パーソナリティ特性や態度、関心の類似性などの、その他の要因によっても促進されます。とはいえ、二人は関係の親密性を反映した行動で、相互作用をするようになったわけではありません。むしろ、行動パターンが発展し、その過程で彼らは互いに好意を抱いていることに「気づいたのです」。低関与パターンで回避しようとする二人には、逆のことが起こるかもしれません。彼らは感情を決定することになる特定の行動要素に気づいていません。しかし、彼らは互いに好きではないことには気づいています。すなわち、行動は、主として初期の関係での親密性の程度に影響を与えます。

親密性の高いあるいは低い関係の場合、他人に自分の感情を伝達するという行動があります。ある人に対する感情から別の人に対する感情に切り替えて伝える、直接的なチャネルはありません。いわゆる霊能者が直接的に感情や個人的関係について直観できると言い張っても――たとえそれがわずかなお金をもうけるためのものであれ――私たちは行動や相手との相互作用を通して、自分と他人との関係を知ります。もちろん、これは友好性や思いやり、愛情の言語表現についても同じで、対面相互作用では、関係の親密性に気づいたり調整したりする際に特に重要です。

これはまた、対人関係を築くなかでも起こります。今ある関係の親密性の変化は、その過程を開始する行動の変化なしには生じません。つまり、人は関係が重要なかたちで変化したという行動変化がなければ、急には「決定」しないものです。ある場合には、非言語的関与パターンのわずかな変化が、関係の進展と崩壊の一因となります。たとえば、ある人が相手へ向ける注意を徐々に減らした場合に、その相手もその人に向ける注意を減らします。もちろん、関与を低めるということは、関係の親密性が低くなければ生じないかもしれません。おそらく、相手がその役割に気づいていなくても、一般的にいっても行動は最も重要です。時には、行動パターンが意識外でゆっくりと変化し、その行動の意味が後にわかることがあります。このサイクルが長く続けば、互いを親密に感じなくなることにつながります。感情のこの変化との関連で、以前にはわずかだった違いが明らかとなり、関係の緊張を高めることになります。この点で、パートナーに対する否定的な感情は、その後に続く行動に大きな影響を及ぼす可能性があり、そのサイクルはさらに続くのです。

もちろん、関係が崩壊へ向かうサイクルを止めることは可能です。しかし、それは容易ではありません。というのも、関係への態度や感情は直接的に変化させることが難しいからです。もし二人が動機づけられていたならば、行動を調整することは実際にはより簡単かもしれません。つまり、意図的に相手を避けたり、低関与の相互作用パターンとは逆の行動をとると、良い方向に態度や感情を引き寄せることができます。すなわち、注意や親密性、非言語的関与を高めるという新たなパターンは、関係の親密性を高めることを促進します。しかし、これは大きな対人関係の文脈の一部なので、関係の親密性を回復させる要素であるのかもしれません。

◉親密性の優位性

親密性と行動の返報的な関係の別の側面は、非言語的関与パターンを決定する際の、親密性の優位さにあります。行動が親密性に影響を与えるように、親密性も行動に影響を与えます。一般的に、関係の親密性についてお互いの認知が同じ程度ならば、非言語的変化のパターンは一定し、安定する傾向があります。関係の親密性についてのお互いの認知が同じではなく、そのような認知からそれぞれの行動が生じている場合は、相互作用は安定しません。すなわち、ある人が好む非言語的関与レベルが相手の予測と一致しないため、その二人は不快に感じてしまうのです。この不一致は、一方が非言語的調整を行ったり、お互いに調整を行ったりして、二人の認知の最終的な調整をもたらします。そして、徐々に関係認知についての類似性が高まります。とはいうものの、二人が感情や認知に関して「相互作用」するのではなく、行動に関して「相互作用」するのをあらためて強調しておきます。

特定の関係の親密性レベルがいったん安定すると、続く相互作用では、親密性は相対的に自動的に、快適な非言語的関与パターンを促すのです。たとえば、親友と偶然出会ったとき、私たちはどのように行動しようかと考える必要はありません。それはいつの間にか起こり、非言語的関与における高い返報性について、あなたと親友はたいてい自然に協調して反応します。もちろん、あなたが仕事での葛藤や突発的な健康問題に気をとられていて最終的にまったく反応しないのなら、相手はふだんと違うことに気づくでしょう。いつもの高い関与レベルではないので、相手はそのことにすぐに反応しようとし、「どうしたのか」をはっきりさせようとするでしょう。これは、確立された関係の親密性レベルから、容易に相互作用の習慣的なパターンが導かれるために可能なのです。したがって、私たちの予測は、相手の行動から自分の行動を決めたり、何が規範的な行動であるかを判断するのに役立ちます。実際には、確立された関係は、関係の基礎となる親密性を反映した自動的な方法で、互いに相互作用をするのを可能にします。結果としてこのような自動的な相互作用は、よく知らない人との相互作用と比較すると、相対的に努力が少なくてすみます。ですから、親密な人との相互作用は、お互いに予測可能なので労力が少なくてすみ、快適なのです。もちろん、私たちが家族の集まりで苦手な親族と付き合わなければならない場合は、予測が必ずしも良いわけではありません。

関係の親密性と非言語的関与の関係を枠組み化する別の方法は、目的指向的な自動性です。ジョン・バージらの研究では、特定の目的を開始することは、自動的な一連の型にはまった行動を用意させることを示しています。たとえば、ある人が仲の良い友達に会いに行くという意図的な目的を持っているとしましょう。そして、仲の良い友達に会いに行くとき、高い非言語的関与パターンが意識外で自動的に始まるでしょう。仲の良い友達と相互作用をするという目的は意識的ですが、その目的から出てくる行動パターンは自動的で無意識的です。一般的に、相互作用の自動的パターンがかなりうまく働き、無意識的な予測とは異ならない範囲で、私たちは自動的に相互作用を続けているのです。

ラポール

対人関係の質と相互作用へのその影響を、私たちはどのように評価するのでしょうか。あらゆる関係に関連するひとつの次元は、ラポールです。人は友達と「どのくらい関係がうまくいっているか」や、「仲良くやっているか」について話題にします。この問いが一般的に意味することは直観的に理解できますが、特別の関係にある者同士の過程はより複雑です。リンダ・ティクル－デグネンとロバート・ローゼンソールは、ラポールと非言語行動の関係について興味深いアプローチを発展させました。彼らの分析の中心には、ラポールが相互作用的であるという基本的な前提があります。つまり、ラポールは一方にのみ存在するものではなく、本来は二人の間に存在するものなのだというのです。したがって、ラポールの定義とその行動の関連は相互作用レベルで構成され、個人レベルではありません。また、ティクル－デグネンとローゼンソールは、ラポールが多次元であり、相互注意、ポジティビティ、調整の三つの構成要素から成り立つとしています。相互注意とは、二人の焦点がお互いに向いたり、周りにある同じ対象に二人の焦点が向くことです。アイコンタクトは明らかに重要ですが、周りの対象への共有された視覚的注意もまた重要なのです。共有された視覚的注意では、周りにある同じ特徴的なものに身体を向けたり視線を向けることは、感受性や関心を共有していることを示します。相互作用では、ラポールの高い二人の相互視は、通常、近距離や対面した身体の向きによって補われます。このような方法で、相互注意は親密性の高い関係でよく見られる高い関与と凝集性によって生じます。もちろん相互注意は、互いに注意深く観察する敵の場合や、葛藤が起こりそうな状況でも高くなるでしょう。相互注意は、緊張した姿勢や敵対心を抱いた表情といった行動の文脈で生じます。そのため、私たちはそれとラポールを間違うことはないでしょう。

ポジティビティとは、パートナーに対する好意や愛情、思いやりなどの肯定的な感情のことを指します。ポジティビティは特に、笑顔や相互視、近距離、接触に示されます。若い恋人同士の行動は互いの感情を示すだけではなく、周りの人たちに対しても関係の特性を伝えます。これは、返報的なポジティビティの例です。別の例は、食事をしたりパーティーで話したりする仲の良い友達の、くつろいでいて、自分を意識しないでいられる行動です。とはいえ、すべての返報的なポジティビティがラポールの指標とは限りません。初対面の場合だと、喜びを過度に表したり、興味があるように振る舞うことがあります。それは、そのように「行動する」ことが礼儀だからです。そのような場合には、親密性が確立されていなくても、二人は筋書きどおりの行動をしていることを知っています。

調整は二人の間の行動的バランスや調和のことを指します。個々人の間には、相互反応の自発的で円滑なパターンが存在します。つまり、人はしっかりと相手と同期した補完的な行動をとり、一体となって行動します。経験豊かなダンサーの慎重なタイミングの取り方や滑らかな動きは、調整の例です。長期間付き合っている二人の形式張らない相互作用も、よく見られます。笑顔や視線、接触のような調整された行動のいくつかはポジティビティを反映する場合もあるでしょうが、姿勢の一致やジェスチャーの一致、模倣された表情、タイミングの合った発話交替などの多様なその他の行動も、ラポールの高さを示します。実際には、相手の言語行動や非言語行動を予測し、意識的に考えずに反応しているものです。相互注意やポジティビティのレベルの高さが必ずしもラポールを示すとは限らないように、同じような例外が調整にも見られます。時には、二人の間のわざわざしっかりと調整された行動は不快な状況を示したり、困難な相互作用を修正しようとします。加えて、二人の間に権力格差があるような非対称な相互作用では、調整や模倣は、力の弱い人が権力のある人に合わせるために行います。そのような調整は行動調整を増やしますが、返報性がないためラポールが低いことを示します。

ラポールの個人要素の相対的な重要性は、その関係の時間的経過とともに変化します。個人的な関係の発展の初期には、ポジティビティは特に重要です。おそらくそれは、二人が互いの愛情をことばで表すだけではなく、非言語的に表す恋愛関係の初期段階に、最もはっきりと見られます。これは、笑顔や接触、相互視の増加に現れます。友人関係を深める場合には、二人はともに活動することで親しくなるのを喜んで受け入れ、すぐに好意的な表情を返します。相互作用の特定のパターンは、このような二つの関係では異なります。しかし、いずれの場合も、返報されたポジティビティは関係が深まるのを強めるのに役立ちます。時が経つにつれて安定した関係になり、通常、好意的な関与の強さは減少します。二人は初期のパターンに慣れたのかもしれません。しかし、彼らは好意的ではない感情や経験などを共有することも多くなります。

関係維持は通常、一定レベルの注意が必要なので、注意の重要性が時間とともに変化するというよりも、むしろポジティビティとともに関係維持が変化します。ポジティビティの重要性が減少し、注意が比較的一定になってくると、ラポールにおける調整の重要性は徐々に増加していきます。長く付き合っている関係では、ラポールの高い二人はよく調整された、すなわち、通常初期の関係で見られなかった互いに補い合う方法で行動します。一緒に過ごす時間が増えると、初期の関係では気づかない感情や意図を示すとらえにくい表出行動を見る機会が多くなります。実際には、私たちは特定の言語行動や非言語行動が、次に起こりうる合図であることを学習しています。時間とともに、このような判断や準備している行動反応は自動的になり、調整が増加します。高まった調整がもたらす別の過程は、共通のスクリプトの学習です。すなわち、二人はやがて習慣となった方法で、共に関わっている幅広い活動を共有します。たとえば、食事、家事、子どもの宿題の手伝いなどがあります。こうして人々は、相手の非言語パターンや一連の出来事に反応します。その結果、相互作用が十分予測可能となり、かつ非常に効果的なものとなるです。すなわち、ラポールの高い二人は、日常の活動にどう対処したらいいかについて考える時間が少なくてすみます。さまざまな状況は、あるときには意識的に、あるときには無意識的に、自動的でよく調整されたいつもの行動を活性化するさまざまな目標を促進します。

調整は関係のなかで徐々に発展していきます。しかし、調整は、初期の魅力や相手への興味の要因でもあります。すなわち、二人は初対面時に同じ言語的、非言語的な癖を持っていて、それを共有する場合には互いに快適であるでしょう。たとえば、テンポの速い人は速く話し、動きが素早く、表出性が高いです。一方、テンポの遅い人は、行動に素早さがなく、表出性が低いです。そのような対極的な人同士が初めて相互作用を行う場合は、同じタイプの人と相互作用をするよりうまくいきません。対照的なスタイルの人同士の場合は、相互作用スタイルが似ているかどうかというよりも、関係を続けることに興味がありません。反対に同じスタイルの人は、快適で、互いに「うまが合う」ように思えることに気づきます。したがって、行動的な調整は、関係の開始に際して一種の選択的なフィルターを提供するともいえます。

本章のまとめ

私たちは社会的動物です。他人への対人的親密性や愛着は、生きていくなかで満足感や安全につながるために重要です。親密な対人関係がないと孤独になり、困ったときの社会的支援が少なくなります。対照的に、相手と同じ好意的な感情を持っていることがわかっていたり、配偶者や子ども、親友に対するとりわけ強い好意的な感情が、関係の親密性の経験の基盤となります。しかし、私たちは純粋な気持ちだけで相互作用をするのではなく、行動することで相互作用をします。すなわち、他人の行動から間接的に彼らの感情を知るのです。それを受け入れることは難しいかもしれないですが、ときおり、私たちも自分のとった行動の後に、他人に対する自分の感情を知ります。さらに、好意や愛情の非言語表出は、ことばで表出する思いやりよりも重きが置かれます。非言語的関与パターンは、関係の親密性の表れ以上のものです。二人で非言語メッセージを交換することは、関係の親密性を構築するための手段です。すなわち、行動の優位性です。ラポールの項で示したように、関係がしっかりと構築されたり、崩壊する場合でさえ、特定の要素の重要性は徐々に変化します。

最後に、第8章と第9章に進むにあたっての留意点を述べておきます。相手に対する感情は、非言語コミュニケーションのその他の機能に対する二次的なものです。私たちは幼い頃から、自分が思い描いた目標を実現するために、非言語行動を使うことを学習しています。これは非言語コミュニケーションの適応的な有用性を示すものであり、他人に関連する効果を示すものでもあります。

第8章　対人影響力

私たちは社会的動物なので、個々人の生存や、一般的には私たちの種の存続は、対人的影響に左右されます。「influence（影響力）」という用語は否定的な意味を含む場合もありますが、影響力の目指すものは、私的な目的から他人の利他的な利益に至るまでさまざまです。さらに、影響力はいろいろな状況や対人関係で見られます。対面相互作用でも、テレビやインターネットなどの媒介されたコミュニケーションでも、多くの場合、非言語チャネルの影響力は言語チャネルの影響力よりも効果が大きいのです。非言語コミュニケーションの影響力の機能は、他人の特定の行動や態度、感情を変化させるために開始される、目的のはっきりした行動であるといわれています。つまり、非言語パターンの活性化に刺激を与える特定の目的があるのです。関連のある目的が意識的あるいは無意識的に存在することと、目的のはっきりとした行動が気づきの内外で起こることは重視されるべきです。したがって、日常生活の私たちのさまざまな活動には、たいてい対人的影響が無意識に働きます。本章では、数種類に分類された影響力に含まれる非言語コミュニケーションの役割について見ていきましょう。

権力と支配性

権力、支配性、地位は、すべて影響力に関連した概念です。この三つの概念を区別してみましょう。権力は一般的に、何らかの方法で他人に影響を与える力を指します。支配性は、権力階層の相対的立場と、特定の相互作用や対立の結果を指します。前者の場合は、支配性が非言語的な表出の決定因になります。後者の場合は、支配性が非言語的な相互作用の結果を説明します。地位は、社会的階級や組織での立場を指します。地位は、時間とともに変わることがあります。しかし、特定の状況では、地位は、権力や支配性の適用を促進する階層構造に、もともと備わっているのです。

一般的に、地位の高い人は低い人よりも大きな権力を持っています。そのため、地位の高い人は行動選択に多くの自由があります。通常は、地位の高い人は低い人に対して高いレベルの非言語的関与を先に始める特権を持ちます。たとえば、業務に関する指示を出すとき、上司は部下に近づき、視線を向け、部下の肩に手を置くことがあります。そのような場合、高い非言語的関与はことばによる指示の効果を高めます。もちろん、部下に対するこのような行動パターンの効果はさまざまです。上司の指示にしっかりと従うように部下をやる気にさせる場合もありますが、部下が心理的リアクタンスを感じた場合や、熱のこもったアプローチに抵抗する場合は、逆効果になる可能性があります。これは、さまざまなタイプの人が始めたまったく同じ行動パターンであっても、多様な結果を招くひとつの例です。セルフ・モニタリングの高い人は、まず相手を正確に読み取ってから、効果的な方法で行動をします。そのため、セルフ・モニタリングの高い人は適切な戦略を適用することに関して、有利だといわれています。

地位の高い人と権力を持つ人が、必ずしも地位の低い人に高い関与を行うわけではありません。たとえば、話し手が聞き手を見るよりも聞き手が話し手をよく見るという典型的なパターンは、地位の低い人と相互作用をする地位の高い人では反対になります。特に、地位の高い人は自分の意見に対する相手の反応を観察するために、聞くときよりも話すときに相手をよく見ます。同様に、地位の高い人は相手の話を聞くときに相手を見る機会を少なくすることで、権力を行使できます。したがって、この権力差は、地位の低い人に見向きもしないというかたちで現れます。クラウスとケルトナーが行った興味深い実験室実験は、初対面の人同士が相互作用する際に観察された、非言語行動に見られる社会経済的地位（SES：socioeconomic status）の効果を検証しています。社会経済的地位の高い人は、低い人よりも相手に賛同しないことを示す行動を多く表出することがわかりました。特に、社会経済的地位の高い人は、低い人よりも身だしなみに気を使い、近くのモノを触ったり、いたずら書きをしたりしていました。対照的に社会経済的地位の低い人は、高い人よりもうなずいたり、眉を上げたり笑ったりといった関与行動をしました。

集団から排除された人は、集団との結びつきを取り戻すための順応的な行動変化を示します。レイキンらの研究結果を紹介しましょう。一つ目の研究は、集団から排除された人は、自分が所属していた集団の前から知っている相手よりも、新たな相互作用相手を多く模倣することを報告しています。どうやら排除された人は、集団に入ることに動機づけられているようです。このような無意識的な行動模倣は負担が少なく、かつその目的の自動的手段となったようです。二つ目の研究は、排除された人が、選択的に行動模倣を行うことを報告しています。特に、排除された人は外集団よりも内集団の相手を模倣しました。したがって、模倣は、排除が覆される可能性のある文脈で起こりやすくなるのかもしれません。

地位の差の別の例を挙げると、地位の高い人は、低い人よりも相互作用時にリラックスしている場合が多いです。このような対比を示す極端な例には、地位の高い将校に対して兵士がとる、緊張を意味したりくつろいでいないことを示す直立不動の姿勢や、左右対称な姿勢があります。地位の高い人は、表情や姿勢、ジェスチャー、動きなどのさまざまな表出をすることができ、よりリラックスします。

特にビジネスや組織場面に見られる権力の差は、環境の特徴によっても強化されます。バーグーンとダンバーは、高い権力を示す状況要因について、次のように説明しています。まず、権力を持つ人は、たいてい広い空間を使うことができます。権力のある人は、権力のない人よりも私的な領域が広くかつ多いといえるでしょう。さらに、重役の大きな机は部下との距離を取ったり、「自分の場所」を確保するのに役立ちます。第二に、このような空間には、地位の象徴としての機能を果たす高価な家具や美術品・工芸品などの、価値のあるものが置かれている場合が多いです。新入社員の働く場所と最高経営責任者（CEO）の働く場所に、同じ備え付け家具があるとは考えにくいものです。第三に、地位の高い人は、社会組織などの制度によって高い位置に身を置くことができます。したがって、重役は地位の低い従業員の部屋や仕事空間よりも高い階に、部屋を構えることができるのです。このような地位の高い人の部屋からは、素晴らしい周囲の景色を眺めることができます。この〝仰角〟効果（高地位者効果）は家具にも見られます。部下がボスを「見上げ」なければならないように、会社所有者の椅子は訪問者の椅子よりも高くなっています。

非言語コミュニケーションは、現在の権力の差を示すだけではなく、権力の差が決められない場合に相対的支配性をはっきりさせる手段となります。まず、外見の特徴から得られる支配性は、第一印象に重要な役割を果たします。一般的に背が高く、筋肉質で大人っぽい顔（幅広い顔、角ばった顎、濃い眉毛）といった特徴を持つ人は、反対の特徴を持つ人よりも支配性が高いと見なされます。実際に、幼い子どものようなベビーフェイスの外見の効果は、大人にも当てはまります。ベビーフェイスの大人は、外見が大人っぽい人よりも依存性が高く、弱く、従順であると見なされます。そして、このような認知は、ベビーフェイスの大人がまるで、外見が大人っぽい大人よりも依存的で能力が低いかのように扱うことにつながります。これは、ベビーフェイスの人に対する自己成就的予言を促したり、依存状態を高めることにつながります。対照的にベビーフェイスの人は、他人の期待を補償をしたり、独立していて能力があることを証明するように努力するものです。

次に、非言語行動は、支配性を決定する際に大きな役割を果たします。第6章で扱った空間侵入と不躾に見つめることに関する説明は、近距離接近の強い効果を示していますし、よく知らない人に対する持続的な凝視の効果を示しています。一般的に、距離を縮め近づくことによって増えた関与や、受け手と顔を合わせたり、身体に触れたり、見つめたりすることは、受け手の覚醒を高め、相互作用を増加させます。最愛の人にあいさつをする場合、相互作用に好意的な特徴が現れます。対照的に競争相手への高い関与は、これらとは大きく異なります。険しい表情や筋肉の強い緊張が近い距離への接近や凝視に加えられる場合は、他人を怖がらせたり支配しようとしています。ライバル間の対立の場合、両者の仲間はそのような戦術を企てるかもしれません。そのような対立は、一方がライバルへの凝視を中断したり、目を背けたりして逃げたときに解決されます。このような解決がなされた場合は、勝者はその後の相互作用で有利になります。つまり、両者に新たな対立が生じる前に、敗者側が勝者を避けたり服従する可能性が高くなります。もちろん、自分のお膝元や、協力的な内集団成員の存在など、このような対立の結果の一因となる別の要因もあります。

フィードバックと強化

非言語的影響力は、フィードバックと強化を提供します。対面相互作用では、同意や不同意の明確な反応はしばしば非言語チャネルで示されます。これは、あらゆる状況で起こります。特にことばによるやり取りがない場合に起こる可能性が高いです。わかりやすい例は、小さな子どもの世話と成長について見られます。これは、子どもの要求を満足させたり、子どもの世話をする大人を強化する際に、大人と乳児が互いに応じ合う返報的な過程です。第一に、乳児や幼児の赤ちゃんっぽい外見やかわいらしさは、大人、特に両親の注意を引きつけます。ことばによるコミュニケーションがとれない場合は、両親や世話をする人は、乳児の必要なものや望むものが何なのかについて行動の変化に敏感になります。泣いたりぐずる行動は何かしてほしいという明らかなメッセージです。しかし、その他の行動指標はわかりにくいものです。大人の世話によって苦痛が解消されると、落ち着いてくつろいだ状態に戻った乳児はかなり異なったメッセージを送り、それは、世話をしてくれる人を強化します。さらに、乳児は早い時期から、泣くことが空腹を満たし、おむつを替えてもらえるというだけではなく、安全を確保したり遊んでもらうために大人の注意を得ることができるということを理解しています。同様に、乳児は単語の意味を理解するかなり前から、両親と世話をしてくれる人の非言語行動にとても敏感です。大人の表出行動、つまり接触や声の高さは、感情の指標だけではなく同意や不同意の合図となります。ですから、通常、高齢者や幼児の養育過程は、非言語コミュニケーションによって促進された相互依存の例となります。子どもがことばを習得した後も、双方向に非言語的強化因子の影響は続きます。

さまざまな社会的状況の違いを問わず、個々の非言語パターンはフィードバックとして、強力な強化因子として機能します。繰り返しになりますが、これは特に小さい子どもにとって重要です。たとえば、親の笑顔や抱っこ、背中をポンポンと手のひらで叩くといった非言語的パターンは、子どもがうまくできたことをほめたり承認することを示します。同様に、学生の学業成績を良くするために、教師は特に成績の悪い学生に対して、ある非言語行動をたまたま行うかもしれません。つまり、ジョニーとスージーに優れた論文を書かせるために、教師は満面の笑みを浮かべ、ちょっとしたハグを彼らにするかもしれません。多くの研究成果は、偶発的な非言語的強化がテストの得点を伸ばすことを報告しています。学級での偶発ではない非言語的温かさのさまざまな戦略も、教育現場を改善するのに有用です。したがって、温かく表出的な教師は、快適で安全な学習環境を築くのに一役買っているのです。

フィードバックや強化としての表出反応の力は、ありとあらゆる対人関係で明らかになっています。多くの場合、非言語チャネルは言語チャネルの影響力よりも勝っています。つまり、言語メッセージと非言語メッセージが一致しない場合には、非言語メッセージが通常、判断を下す際に重視されます。たとえば、友人が夕食の計画に対して「いいねー」と言ったけれど、声に熱意がこもっておらず、表情が乏しかったとしましょう。発されたことばは肯定的であるにもかかわらず、熱意のない表現は、その計画がまったく前向きに考えられていないことを意味します。そのような場合、肯定的なことを言った目的は、意見の食い違いを避けるためであったり、友達を支持するためなのかもしれません。しかし、肯定的な表出がないということは、本当の気持ち、つまり計画に対して否定的であることを無意識に漏らしていることになります。もちろん、表出の乏しさは戦略的で意識的なのかもしれません。つまり、非言語メッセージは意図的なのですが、相手に間接的に自分の本当の気持ちを知らせるように意図しているのです。非言語メッセージを読み取り、その後の会話を調整することは、相手側の責任です。表出反応が意図的であろうとなかろうと、その友人は別の提案をする、つまり好意的に受け取ってくれるであろう提案をするかもしれません。その提案後、言語と非言語による反応が一致していて熱意のあるものであったなら、新たな提案に対し、前に述べた例と異なる反応をはっきりと示していることになります。

多くの短い相互作用では、ことばのやり取りで、他人の特定の行為に賛同や不賛同を示すことは意味がありません。ドアを開けたり落ちた物を拾うといったちょっとした親切を誰かが行ったとき、笑顔やうなずくのは「ありがとう」という意味になります。対照的に、列に並んでいるときに前に割込んでくる無礼な人には、頭を横に振ったり、しかめっ面をする可能性が高くなります。この否定的な反応も、他人にことばで意見するのではなく、この行動が不賛同であることを示しています。非言語表出の意味ははっきりしていますが、ことばで意見したり対立を激化させるまでには至っていません。

言語コミュニケーションが使えない状況では、ジェスチャーが一般的なフィードバックの合図となります。運転者は歩行者にさまざまな肯定的、否定的な表出やジェスチャーをすることができます。運転操作ミスや無礼な行為への敵対的な反応には、握り拳を振りかざしたり、下品なジェスチャーで合図を送るかもしれません。後者のジェスチャーはエンブレムであり、ことばを直接的に翻訳したものです。渋滞している道で合流する運転者は、進路を譲ってくれた後方の運転者に感謝の気持ちを微笑んだり手を振って合図をするという形で示します。このようなちょっとした出会いは、それに続く返礼につながります。たとえば、ある運転者がちょっとした親切を受けると、少しの間、他の運転者に同じように反応しがちになります。同様に、出会った人が無礼な人だったら、無礼な反応をしてしまいがちです。沈黙という表出の反応も、いつもと違った相互作用を見ている第三者がよくやっています。たとえば、二人の間に表立った対立があると、周りの人はいぶかしげな表情で二人をちらちらと見たり、首をかしげたり、眉をひそめるかもしれません。ときおり私も、授業中にそのような様子を目にします。学生が変わった意見を述べたり、特殊な個人情報を明らかにするときなどに。ほかの学生は反応を読み取ろうとして互いの顔を見合わせ、信じられないといった様子で笑ったり首をかしげます。言うまでもなく、「おかしいよ」と声に出すことはとても直接的で、対立が起こる危険を伴いますが、その表出反応から彼らの評価はほぼ確かなものです。

好意的な反応は、さまざまな相互作用行動を強化する役割を果たします。たとえば、話し手に微笑みかけたり、視線を向けたり、身体を向けると、発話の持続時間を増加させます。発音などの表現の強化因子は、発話のあるカテゴリーの頻度を増加させるために選択的に用いられます。何年も前にデントン・スチュアートと私は、主題統覚テスト（TAT）を用いて、あるテーマに関する参加者の反応を選択的に強化する実験を行いました。具体的にいうと、参加者は、状況が曖昧に設定されているなかに描かれている人の絵を使って、その絵の中で何が起こっているかについて話を作ってもらうというものです。参加者は自分の関心事を反映した話を作ることで、自分の動機づけを投影するのです。実験者がテーマに関する発言として親和欲求を示した後に、随伴的な凝視を向け始めると、参加者のテーマに関する発言の数がだんだん増えました。この効果は、実験者が参加者から6フィート（約1・8メートル）離れた場所に座ったときに見られましたが、それよりも近い3フィート（0・9メートル）の距離に座ったときには見られませんでした。どうやら近い距離で凝視を増やすと不快で気が散るため、強化にはならなかったようです。

たしか心理学の授業だったと思いますが、随伴的な選択的注意で何とかして教授を条件づけようとしたという大学生の話を聞いたことがあります。具体的には、学生たちは教授が教室の片側に立っているときにだけ、しっかりと講義に参加することにしました。徐々に、教授はその部屋の片側で講義の大半を行うようになったということです。都市伝説なのですが良くできた物語であり、よく起こりそうな話です。

承諾と説得

他人から承諾を得たり、他人の意見を変化させることは、影響力の機能のなかでは日常的で実際的な目的です。承諾は、単純な行動的服従ということができます。つまり、意図しているメッセージからの直接的、間接的影響に応じて行動が変化します。したがって、承諾とは、他人の影響を受けることによって、人のふだんの行動パターンが変化することです。対照的に、説得とは、意図しているメッセージから受けた直接的、間接的な影響に応じて態度や意見が変化することです。一般に説得とは、話しことばや書きことば、あるいは視覚的なメッセージを使って、送り手が受け手に特定の意見に関する情報的あるいは感情的アピールを支持した結果のことをいいます。

一般的に、態度変化は行動変化を導くと考えられていますが、逆も当てはまります。行動変化は、結局のところ態度変化の第一段階でありうるのです。この効果は第5章で触れ、自分の行動への注意が新たな態度の発見につながることを説明しました。さらに、行動変化に続く認知的一貫性の圧力は、新たな行動を支持するために態度を変化させる可能性を高めます。もちろん、行動を変化させるのに実際の外的な力がある場合は、態度を変化させる圧力は最小になります。というのも、人にはほとんど選択肢がないからです。たとえば、あなたが武装した強盗にお金を渡すとき、その強盗を助けたかったと突如気づいたからではないでしょう。

まず、承諾について考えてみましょう。一般的に私たちは、魅力的な人や依存的に見える人からの頼み事には好意的に反応します。依存的に見える人のなかには、子ども、高齢者、障害を持つ人が含まれる場合もあります。たとえば、慈善団体の多くは、子どもだけではありませんが、一軒ごとに訪ねての依頼やテレビを利用した要請では子どもを使います。同じ内容の要請でも、大人の要請を断るよりも子どもの要請を断ることのほうが難しいのです。比較的近い距離での凝視や笑顔などの温かく友好的な行動パターンは、そうでない行動パターンよりも効果的です。さらに、行動を真似ることも、好意や承諾を増加させます。したがって、この承諾に寄付や請願書への署名や、人のために尽くすことが含まれるかどうかにかかわらず、外見や行動の効果的な組み合わせが好意を増加させ、警戒心を低くし、承諾を促進するのです。よく知らない人を一時的に見つめたりそっと触れたりするのは、注意を得るための行動としては十分で、要請の承諾を増加させます。クリス・クラインクは、実験協力者がよく知らない人に近づいていき、たとえば電話ボックスに残っていた釣り銭を返してほしいとか、チラシを受け取ってほしいといったちょっとした要請に関する数多くの研究を、公共の場で行いました。そして、その依頼時に接触や凝視が伴った場合は、大幅に承諾が増えることを示しました。

二人の学生ジャック・ポウエルとメアリー・レニハンと私は、複数の尺度を含むパーソナリティ検査の完成を表向きの目的として参加者を募集し、実験室状況で同様の実験を行いました。この尺度の完成は、後半の本来の要請の前に尺度検査への協力を求めておくことで、その要請についての信憑性を高める前段となっています。参加者が実験室に入室すると、私たち（実験者）は、参加者が検査に回答している間に手作業で採点しなければならない、数百もの検査結果の束を示しました。参加者は個別のブースで検査に回答し、そのブースのドアを開けることで検査の終了を知らせます。その時点で私たちは、参加者がまだ着席しているときにブースに入り、検査の採点を一緒に手伝ってくれるように頼みました。ある条件ではことばで要請を行い、別の条件では同じことばでの要請時に、参加者の肩に軽く触れました。私たちは、検査を採点した数や、採点する時間の長さ、そして参加者の評定した実験者の印象を測定しました。接触条件の参加者は非接触条件の参加者よりも、採点をする時間が有意に長いことがわかりました。そして、有意な差ではありませんでしたが、接触条件の参加者は非接触条件の参加者よりも、より多くの数の検査を採点する傾向がありました。参加者の印象評定の分析では、接触条件での実験者に対する好意度が、承諾の増加を予測するものではありませんでした。つまり、参加者は、検査を採点する時間を長くすることで要請に応じ、接触が実験者の好意度を高めたわけではありませんでした。

私たちの実験での参加者の肩に軽く触れるという接触の開始は、非言語的圧力が比較的わずかに増加する例です。より強烈なパターンは、相手を強制する場合に使われます。たとえば、とても近い距離や長い凝視、接触は、寄付へのことばでの要請とともに生じるかもしれません。これは、歩道で物乞いが使いかねないパターンです。ここでの原則は、黙って従うことが相互作用を終わらせる最も早い方法であって、十分に大きなストレスや不快感を生じさせるということです。これは、その目的が少額の寄付を確実に手に入れるためだけである場合は、特に効果的です。この例も、承諾行動と基本的態度が明らかに一致していません。つまり、人はメッセージや送り手をとても否定的に感じているのですが、とはいえ、相互作用を終わらせたり不快感を減少させるために服従するのです。

非言語的関与は、たいてい多ければ多いほどよいのですが、これは説得に関しては当てはまりません。ペティとカシオッポの態度変化の精緻化見込みモデルによると、説得には二つの一般的なルートがあるといわれています。第一のルートは、中心ルートです。人は特定のメッセージの利点に関心を

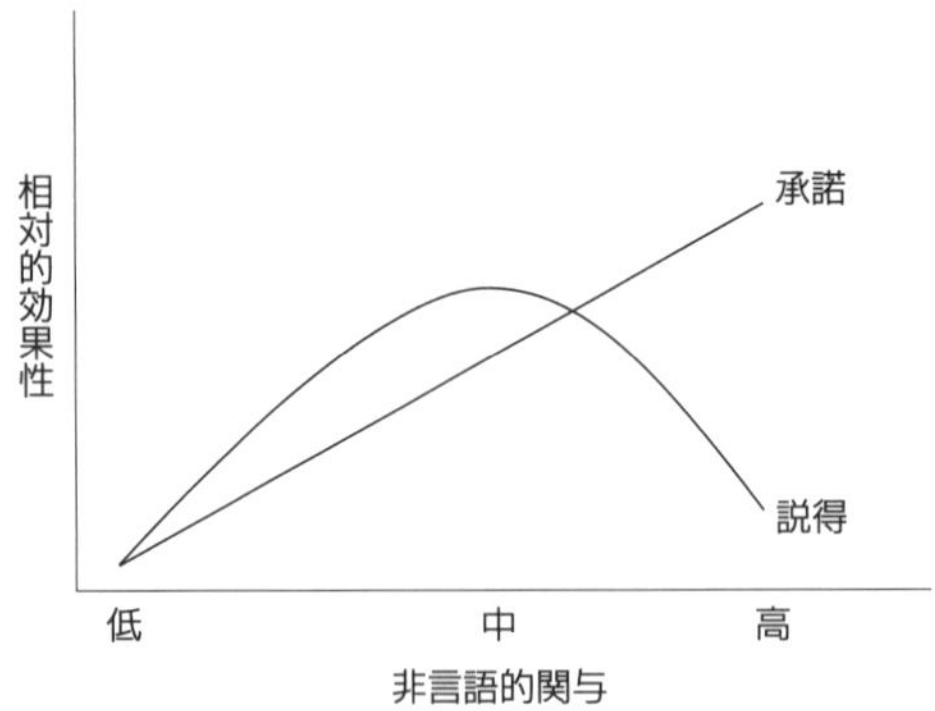

図 8-1　承諾と説得における非言語的関与レベルの相対的効果性

向けたり、処理したり、重みづけをしたりするとき、かなりの認知的な労力を要します。したがって、メッセージへ反応したり、その内容を受け入れたり拒否するのを決定する際に、じっくりと精査しなければなりません。第二のルートは、周辺ルートです。人はメッセージや送り手に対して感情的な反応をするとき、認知的な労力が最も少なくてすみます。

メッセージをじっくりと精査しない態度変化は、中心ルートの態度変化よりも思慮が浅く短期的な傾向がありま す。（インターネットなどの）媒介コミュニケーションや対面相互作用でも、周辺ルートは非言語コミュニケーションによって主に決められます。たとえば、テレビ広告の多くは、製品そのものに関する情報と関連のない、俳優の外見や行動などによるメッセージの特徴に影響を受けています。まず、魅力的な人やターゲットである視聴者に似ている人は、自動的に好意的な反応を誘発するという利点があるので、外見は重要です。次に、行動の面では、温かい人や表情が豊かな人は非友好的な人よりも好かれます。テレビで魅力的な人、表情の豊かな人を起用するのは、たった15秒間で宣伝文句を届けるのにとても効果的で経済的な方法なのです。

もちろん、対面相互作用においても、外見や表情豊かな行動は態度変化に重要です。加えて、影響力の源泉からの非言語的関与に関する、適切なレベルも考慮する必要があります。図8－1は、簡単な承諾と態度変化における、関与の増加（たとえば、接近アプローチや凝視、接触）に関する対照的な効果を示しています。関与の増加は、一般的に承諾、少なくともちょっとした要請では線形の結果になるのですが、これは態度変化には当てはまりません。影響力の源泉からの非言語的関与が適切あるいは規範的なレベルであると、態度変化に最も効果的に働く可能性があります。中心ルートの態度変化には情報処理が必要となるので、相手の非言語的な関与が高いことによって生じた覚醒や注意の拡散が、情報を判断するために必要な認知的努力を妨げます。非言語的関与レベルが不適切に高いと周辺ルートで否定的な個人的判断を誘発し、自動的、短期的な態度変化の可能性を減らします。対照的に、簡単な承諾に見られる高い関与は、態度に一致する変化でなければ強制になったり不快となる可能性があり、行動変化を促します。したがって、簡単な承諾と態度変化の研究では、異なる行動戦略が効果的なのです。

欺瞞

嘘をつくというのは、対人的影響を与える際にはよくあります。欺瞞ほど人々の興味を引く非言語コミュニケーションの話題はありません。欺瞞における非言語コミュニケーションの役割について、一般的な誤解があります。たとえば、たいていの人は、嘘は、自分のふだんの行動とわずかに違う行動変化によって他人に気づかれると思っています。私はこれが、「身体は嘘をつかない」というタイトルで一般向けの記事や本に何度も取り上げられているのを見てきました。つまり、真実はことばでは語られないが、嘘つきの非言語行動には必ず表れる、ということです。でも、それは正しくないと私は思っています。

まず、欺瞞への「特効薬」となる行動の手がかりはありません。私が何度も見てきたひとつの主張は、話すときに鼻を触るのは欺瞞の手がかりだというものです。嘘つきは必ずしも自分の鼻に触りはしませんが、この思い込みは一般的なものです。特に自己接触は、ストレスの高まりとともに増加します。嘘をつくことでストレスが高まる可能性はありますが、真実を言っているのにそれを信じてもらえないことを気にして、ストレスが高まる可能性もあります。さらに、話し手の鼻が単にかゆいときもあります。しかし、嘘はついていません。第二に、人は嘘をつくときに、罪悪感や不安、逮捕される恐れに関する行動的な手がかりを出しません。ひとつの理由は、嘘は他のことよりも簡単で、嘘つきは嘘をつくことにほとんど、あるいはまったく苦痛を感じていません。警察官に重大な犯罪について嘘をつくよりも、エセルおばさんに、おばさんが作ってくれたカビの生えたフルーツケーキを、本当においしいと嘘を言うほうが簡単なのです。行動的な手がかりが見られないその他の理由は、ごく一部の人が欺瞞の手がかりを示さないということが挙げられます。非常に熟練した嘘つきもいますが、その他の人は普通の人です。極端なことをいうと、自分の犯罪に対してほとんど、あるいはまったく罪を感じない変質者もいるのです。

私は、かなり前に有罪となった、連続殺人犯テッド・バンディが警察に逮捕されたことを思い出します。殺された若い女性と彼を結びつける証拠はかなりありましたが、彼と話した人は、彼が殺人を犯したことに疑いを持ちました。ある記者は彼と面会した後、バンディは罪を犯していないのではないかと思ったと認めています。通常、記者は、特に考慮すべき正反対の証拠の観点から、無罪の主張にはとても疑い深くなるものです。しかし、面会でのバンディの行動にはとても説得力があったので、記者は彼が罪を犯してはいないかもしれないと感じたというのです。１９８９年、バンディは死刑が執行される少し前に、犠牲者を埋めた場所の詳細を新たに明らかにしたり、彼が生きることを許されたなら前途有望だと主張したりして、自分の命について交渉しようとしました。したがって、彼が罪を犯した事実と、面会時に記者に嘘をついたことは間違いありません。実際、バンディの嘘をつく技術は疑いようもなく、何年間もの間、犠牲者の信頼を得たり逮捕されずにいられたのです。

もうひとつの誤解は、多くの人が嘘を見破るのをとても得意だと信じていることです。自分の周りの人があまり嘘に敏感でなくても、自分は正確に嘘を見抜けるという例を引き合いに出します。そのような事例証拠についての問題は、嘘を信じていて間違っているのに、それを知るのが難しいということです。もし、嘘をついていたという独自の証拠がなければ、間違った判断をあなたはどうやって知ることができるのでしょうか。明らかに嘘は見破られず、その記録をつける方法もありません。実際、実験の得点から明らかになった平均的に嘘を見破る正確さは、偶然よりもわずかに高いという程度です。具体的にいうと、偶然の正解の基準値を50%とした場合、嘘を見破る正確さの平均は55%程度のものなのです。さらに判断の自信と正確さにはほとんど、あるいはまったく関連がありません。

欺瞞研究の多くは、嘘つきの行動や、その行動がどのように欺瞞判断の正確さに関連しているかについて、焦点を当てています。対面の相互作用場面で嘘をつくのに慎重になるのは、嘘をつかれた人からの影響を受けるからであることを強調しておくことは重要です。つまり、欺瞞は対人的過程であり、計画された欺瞞の結果も相手の反応に依存するのです。嘘つきが信憑性のある言語メッセージを与えようとし、そして一貫した表出的な行動でそれを支持しようとするとき、相手は嘘つきの言語行動や非言語行動に同時に反応します。実際には、相手の言語反応と非言語反応は、嘘をついている人のメッセージに信憑性があるか否かについての評価をもたらします。嘘がうまくいった人は、この評価を観察し、自分の欺瞞を支持するために必要な修正を行います。したがって、意図的に計画された欺瞞の結果は、相手が替わるとかなり異なります。実際、嘘を見破る能力は人によって大きな違いがあります。エクマンとオサリバンは、裁判官、警察官、シークレットサービス、精神科医といった、さまざまな職業の人の嘘を見破る正確さを検証しています。シークレットサービスの職員だけが64％と正確であり、一般的な55％の正確さよりも有意に高くなりました。エクマンとオサリバンは、シークレットサービスの職員は、彼らが出会う人の多くが人を騙そうとしていると思い込む偏見に対し、影響を受けにくいことを示唆しています。つまり、シークレットサービスの職員は、おそらく、彼らが出会う多くの人は危険ではないという仮定で働いていますが、彼らは脅威を表す稀な人に敏感でなくてはならないのです。

近年、ステルらによって行われた興味深い研究は、短い相互作用で嘘を見破る際の行動模倣の効果を検証しています。具体的には、参加者は真実あるいは嘘を述べている会話相手と相互作用する際に、一つ目の条件では会話相手を模倣するようにとはっきりと教示されましたが（模倣条件）、二つ目の条件では模倣しないようにと教示され（模倣しない条件）、三つ目の条件（統制条件）では教示は与えられませんでした。参加者の実際の行動を記録したビデオテープを分析したところ、模倣条件の参加者も統制条件の参加者も、模倣しない条件の参加者よりも頻繁に会話相手を模倣していることがわかりました。さらに重要なことには、模倣しない条件の参加者は、その他の二つの条件の参加者よりも、会話相手の嘘を正確に見破っていました。したがって、意図的あるいは自然に生じる模倣は、嘘を見破る敏感さを低下させるようです。ステルらは、会話相手（欺瞞者）の表出を参加者が模倣することで参加者に誤った感情をもたらすと示唆しています。同様に、このような誤った感情経験は嘘を見破る正確さを低くするのです。これらの結果に関して、ステルらが考えていない別の理由があります。具体的には、相手に模倣されないと会話相手を不快にさせますし、欺瞞を明確に示す手がかりを彼らに表出する可能性を増加させます。これは参加者が嘘を見破ることを容易にさせた、ということにもなり得ます。したがって、欺瞞検知を低下させる模倣の効果というのは、参加者の敏感さが変化したというよりも、会話相手の行動が実際に変化したということなのです。

欺瞞において欠くことのできない指標として、これぞという手がかりはありませんが、多くの行動変化と欺瞞には相関関係が見られます。デパウロらは、百以上の欺瞞研究を精査し、多くの有意な関連を確認しています。まず、嘘をつく人は真実を言う人よりも接近せず関与も低いと、主観的な報告をしていると述べています。それにもかかわらず、非言語的な関与度の重要な要素を客観的に測定したところ、アイコンタクトについては嘘をつく人と真実を言う人の間で有意な差が見られませんでした。すなわち、嘘をつく人がアイコンタクトを避けるというステレオタイプは立証されなかったわけです。欺瞞は、瞳孔拡大、発話時間の減少、声の高さ、イラストレーターの少なさとも関連が見られました。欺瞞におけるこのような基本的な行動変化の過程のひとつは、嘘をついていることを見破られる恐怖と、嘘をつくことへの罪悪感によるのです。

さらに、嘘をつくことは、架空の物語を構成したり、その詳細に一貫性を持たせたり、それに伴って起こる非言語行動を統制したりと、認知的な努力が必要です。したがって、認知的要求が高まるといつもの行動パターンを崩す可能性があり、欺瞞のサインを漏れ伝えるという結果になりうるのです。認知的要求効果のひとつの例は瞬《まばた》きの減少です。たとえば、単語の一覧表を記憶するという認知的要求課題では、一般的に瞬きは減少します。レアルとフライは、嘘を言っている最中と言い終わった直後に、嘘を言う人と真実を言う人の瞬きのパターンに明らかな違いがあることを見いだしました。具体的には、嘘を言う人は、嘘を言っている最中は瞬きが減少し、その後すぐに瞬きが増加します。対照的に、真実を言う人は、真実を言っている最中は瞬きが増加しますが、言い終わった後では増加しません。

エクマンは欺瞞検知アプローチで顔面表出のわずかな変化の重要性を強調しています。エクマンは、ほかの行動変化も欺瞞の手がかりであることを認めていますが、彼は、嘘を発見するには顔面表出の急速な、そしてわずかな変化が、最も重要な手がかりを提供すると考えました。具体的には、自然に出てくる感情表出を隠す必要があったり、異なる表出に代える必要があり、嘘をついている場合には、ありのままの本心らしさが短時間表出されます。それらは、微表情あるいは抑制した表情として表れます。エクマンによると、微表情とは、短い時間に詰められた、つまり1秒の25分の1のような短い時間内での完全な感情の表出です。微表情は別の表情ですぐに覆われてしまいます。たとえば、相手の意見に腹を立てて怒りの微表情を浮かべるかもしれません。そして怒りを隠すためにすぐに微笑んだり、肯定的な発言をしたりするでしょう。抑えた表出とは、中断されたり対照的な表出に頻繁に置き換えられるありのままの感情の部分的な表出です。抑えられた表出は部分的な表示にすぎないのですが、それは通常は微表情よりも長く続きます。

このような表出の手がかり、特に微表情はとても短いので、リアルタイムでそれらを認識するのは容易ではありません。しかし、このような欺瞞の手がかりは、スローモーションのビデオ記録で証明できます。エクマンも、訓練がリアルタイム相互作用の認識を向上させることを報告しています。2009年、アメリカで『ライ・トゥー・ミー（*Lie to Me*）』という新しいテレビ番組の放送が始まりました。このドラマは、エクマンの欺瞞検知システムに基づいて製作されており、エクマンと同じような経歴と専門性を持つ主人公が登場します。ドラマの登場人物であるライトマン博士と同僚たちは、警察官を悩ませる犯罪を解決していきます。

欺瞞の手がかりが現れる割合に特徴があったとしても、嘘を見破る正確さを高めるのにほぼ十分な情報があります。嘘を見破る正確さを総合的に低くする要因とは、どのようなものなのでしょうか。有名な欺瞞研究者アルダー・フライは、多くの要因を特定しています。第一に、ベビーフェイスや、誠実と見なされるような魅力的な人という外見の先入観は、正確さを低下させます。第二に、観察者と相互作用する相手は、間違った手がかりを見ているにすぎないようです。たとえば、嘘をつく人は真実を言う人よりも凝視が少ないわけではなく、動きが多いわけでもないということがわかっていますが、このような予測は日常生活で普通になされます。第三に、欺瞞について判断するときに、人や状況の違いが無視されます。ある人は温かく表出的で、嘘をついているという疑いを減少させる肯定的な印象を作り出します。対照的に、ある人は、内向的で対人不安が高く、嘘をついているという疑いを増す方法で行動します。非言語行動の文化差は、少数派や民族集団に関する規範が多数派集団と異なる場合、嘘をついているのではないかという疑いを増すかもしれません。そして、人々の間にはかなりの違いがあるので、比較情報は特に重要となります。つまり、真実を述べているときにどんな行動をしているのかがわからない場合、たった一つの出来事から嘘をついていることを確認するのは、とても難しいのです。最後に、実生活においてはパートナーや家族、友人を信じ〝たい〟という気持ちから、嘘の行動手がかりに目を向けません。つまり、あなたの身近な人が嘘をついていることに向き合うよりも、彼らを信じるほうが簡単なのです。

影響力の広がり

生活のあらゆるところで、私たちは、影響をもたらす人、影響を受ける人として存在しています。これは、社会的動物が生き残るのに必要で、適応可能な条件です。対面相互作用や媒介されたコミュニケーションで伝達される視聴覚メッセージでは、非言語チャネルはたいてい言語チャネルよりも、影響力に大きな役割を果たします。人は特定の目的に気づいていて、時にはそのような目的のために意識的にうまく行動しようとしますが、影響は多かれ少なかれ自動的に生じ、意識の外にあります。たとえば、両親や教師は子どもの望ましい行動を強化し、望ましくない行動を阻止するために、無意識的な表出をします。

現実世界での影響のほとんどが安全で、人はたいていこのような日常の出来事に、好意的に反応しています。たとえば、重い荷物を持って建物に入ろうとしている人は、すぐ近くにいる人に対して無意識的に筋肉が緊張し、険しい表情をすることがあります。この表出は援助を得る可能性を高め、おそらくドアを開けてもらったり、開けたままにしておいてもらえます。もし、すぐ近くに人がいなければ生じる可能性が低い、そのような行動パターンに関する目的のはっきりした理由を、私たちは案外わかっています。もちろん、社会規範や文化的規範は、このような日々の出来事に影響を及ぼします。さらに、性や人種、パーソナリティなどの個人差は、相互作用に影響します。繰り返される社会的出会いは、影響力に関する自動的で適応的な非言語表出をさせます。別の種類の影響力、すなわち印象操作については特別に章を立てて説明する価値がありますので、第9章で取り上げます。

第9章　印象操作

影響力と印象操作の機能の違いは、本書の第5～7章で説明した機能間の違いに比べればわずかなものです。結局のところ、影響力と印象操作はどちらも他人の思考や感情、そして、最も重要な行動を変える働きをします。第8章では、地位や支配性、フィードバックと強化、承諾と説得、欺瞞といった特定の目的に焦点を当てながら、影響力の機能を説明しました。一方で印象操作は、他人に望みどおりの印象を容易に与え、特別なイメージやアイディアを作り出す非言語表出を含んでいます。同様に、他人に特定の印象やイメージを抱かせることは、望みどおりの目標を達成するための手段になります。このような目的には、職を得たり、恋人を魅了したり、選挙に勝って政権を握ることなどが含まれます。

印象操作の目的は、自動的に意識せずに引き起こされることがあります。たとえば、毎日走っている若い男性が魅力的な女性に接近するとき、普段よりも速く走っていることに気づかずに、自動的に速度を上げるかもしれません。また、就職面接で上手に受け答えをするというようなはっきりとした目的は、よく考えたうえでのものでしょうし、言語行動や非言語行動を意識的に統制するようになるかもしれません。もちろん、就職面接でそのような目的を意識するのは適応的です。しかし、特定の日常の行動を意識したり統制することは、必ずしも役に立つとは限りません。自分の行動を細かく管理しようとすると、自発性や自然さが乏しくなるように思われます。すなわち好ましくない印象につながるのです。また、パーソナリティや社会的スキルの個人差も印象操作の結果に影響を与えます。たとえば、外向的で不安が低くセルフ・モニタリングが高い人は、内向的で不安の強いセルフ・モニタリングが低い人よりも、自分の行動を自動的に行うという一種のよくできた脚本を持っているかもしれません。

ゴッフマンと自己呈示

著名な社会学者アービング・ゴッフマンは、印象操作の理解にとりわけ重要な貢献を果たしました。本書で引用している実験的手法に対して、ゴッフマンは日常の社会的行動についてのデータを収集するために、観察法を採用しました。その結果、彼は行動の基礎をなすダイナミックスについての結論を導き、基本的な対人過程を説明するための広い枠組みについて述べています。彼の研究の方向性は心理学的アプローチとは非常に異なっており、印象操作を議論するうえで注目に値するものです。社会的行動に対するゴッフマンのアプローチは、〝演技的（dramaturgical）アプローチ〟として説明できます。すなわち、劇場という概念は、社会生活のメタファーとして利用されたり、人が自分を他人に表現する方法のメタファーとして利用されています。ゴッフマンはシェイクスピアのように、私たちが皆ステージ上の役者である、つまり私たちは周りの聴衆のために演じていると考えたのです。

このアプローチでは、行動は主として内的特性や動機づけ、態度によって決定されるのではなく、さまざまな役割の要求によって決定されているとしています。人は、多くのさまざまな役割を果たします。状況や相互作用相手によりますが、ある男性は夫であり、父であり、人事部長であり、チームの一員であり、友人であるかもしれません。このような役割はよく、あっという間に切り替わります。たとえば、ウエイトレスはお客に対して行動をしっかり統制しており、友好的で親切な振る舞いをします。しかし、彼女は厨房に入るとその振る舞いは急激に変化し、大きな声で同僚と冗談を言い合ったりします。言うまでもなく彼女は同じ人物ですが、その役割や聴衆は、店内と厨房では非常に異なります。さらに、別々の人が同じ役割を演じる方法は、かなり類似しています。もちろん、すべての人が特定のパフォーマンスに等しい技能があるわけではありませんし、パーソナリティや動機づけのような個人差は、パフォーマンスの質に影響します。加えて、特定の役割は文化によって異なります。とはいうものの、多くの人は他人に受け入れられる確かな行動をしたいのです。

パフォーマンスには、役者の外見や言語行動、非言語行動だけではなく、その状況の物理的特徴も含まれます。このような状況の特徴は、第3章の初めのほうで説明した家具の形状や配置を含んでいるといっても差し支えないでしょうし、特定のパフォーマンスに信憑性を添えるその他の小道具も含まれるでしょう。たとえば、重役の部屋は、豪華な家具や高価な芸術品が備えられた広い空間でしょう。医院では通常、壁に専門機関から与えられた免許状や認可証があります。さまざまな賞は、患者を安心させたり良い印象を与えるために目立つように飾られています。すなわち、外見や行動、物理的状況の組み合わせは、人が特定の役割に必要な信頼を得るための〝先触れ（front）〟なのです。

印象操作における非言語コミュニケーションに関する興味深い例のひとつは、ゴッフマンの〝ボディ・グロス（body gloss）〟です。この過程では、人は良くない方向に発展しそうな出来事を隠したり、うまく取り繕ったりしようとします。そうすることで、観察者に与える好ましくない印象を弱めようとします。すなわちボディ・グロスは、しばしばその出来事を観察している人を前に俳優が演じているようなものなのです。したがって、ボディ・グロスは、良い印象を与えたい人がいない場合には不要です。本書の初めのほうで述べた多くの内容と違って、ここでの行動は必ずしも相互作用的なものではありません。たとえそれに私たちが気づいていなくても、私たちの多くはボディ・グロスを見てきましたし、時にはそのようなパフォーマンスをする俳優でした。では、いくつかの例を見てみましょう。

何年も前のことですが、心理学棟のメインフロアにいたとき、廊下の端から私のほうに歩いてくる学生に気づきました。彼は開きっぱなしになっている戸口に来たとき、その部屋に入るのをためらい、ちらっと部屋の中を見ました。彼はまるで行きたい方向を忘れてしまったかのように、私のほうに二、三歩進んで指を鳴らし、うんざりしたかのように首をかしげました。そして、彼は向きを変えて来た方向に戻っていきました。彼は部屋の中を見て、戸口で再び立ち止まりました。彼は二、三歩進んで、指を鳴らしたり首をかしげる行為を繰り返し、そして再び来た方向に戻っていきました。彼が最終的に私の前を通り過ぎて建物を出ていく前に、もう一度ためらいながら部屋の中をちらっと見ました。開けっ放しの部屋は、学部生アルバイトがさまざまな事務の仕事をする場所でした。私は開いている戸口まで行き、部屋の中を見ると、とても魅力的な女子学生がコピー機を使用していました。若い男性が二度も引き返したのが、魅力的な女性を見るためであったのは偶然ではありません。私が観察者だったので、彼は内心の関心を隠すために「繰り返し物忘れ」を裏付けるパフォーマンスを行ったのです。

ほかにも、ボディ・グロスは、人にバツの悪い思いをさせるちょっとした出来事を再構築しようとするものにもなります。もちろん、小さな間違いは、その出来事に対する観察者がいるからこそ、恥の源となってしまいます。したがって、その人はさらなるパフォーマンスを演じることで、その出来事に対する責任を最小にしなければなりません。たいていの人が経験したことがある例は、公共の場でつまずいた後に示す行動です。つまずいた人はバランスを取り戻すと、歩道のほうをちらっと振り返るかもしれませんし、首を横に振ることで不快感を示すかもしれません。このパフォーマンスの意図は、私は間抜けではない、私のせいではない、歩道に欠陥があるのだということです。私が担当していた期末試験で、学生が約30分遅れてきました。彼は部屋に入ってきて、すでにテストを受けている学生と部屋の前方に立っている私を見て、非常に驚いた様子をしました。そして、とても大げさな動きで、彼は自分の時計と壁にかかっている時計を代わる代わる見て、がっかりしたように首をかしげました。その行動は、遅れたのは私の責任ではない、私の時計の時間が狂っているからだ、ということなのです。

このような出来事のなかには、本当に歩道に欠陥があったり、時計が故障しているということも、もちろんあります。本当にそういう理由であっても、習慣的行動は観察者がいるので、通常起こるよりも大げさになります。そのため、そのような行動は、表面を取り繕うものと見なされるのです。ボディ・グロスは、自己呈示へのゴッフマンのアプローチのひとつの例にしかすぎないのですが、印象を操作するときの非言語表出の重要性が強調されています。さらに、多くの状況で人は評価されますから、自分の良い印象を作り出すことを特に意識します。戦略的に非言語表出を行うことは、他人に良いイメージをもってもらうために重要なのです。

個々のイメージと協力的なイメージ

多くの人は、「良い印象を与えたい」と思う状況があり、そのようなときには注意深く行動します。たとえば、就職面接や初デート、お見合い、職場で上司に提案の説明をしたりという状況があります。このような例のように、印象操作はたいてい特別な出来事の前に始まります。特に服装や身だしなみといった外見に細心の注意が払われます。ときおり、特定の出来事に先立って大きな変化が起こります。競争の激しい企業に職を求める高齢者は、魅力的で若々しく精力的な外見を得るために、髪を染めたり、食事制限をしたり、運動をしたり、整形手術をする場合もあるでしょう。同様の戦略は、配偶者を求める際に、魅力や望ましさを高めるために用いられるかもしれません。

ある職業では服装はそのイメージの重要な部分であり、職員や社員としての信憑性を高めることになります。制服は警察官や消防士であることをはっきりと識別し、彼らへの指示に忠実に従いやすくさせます。医者は通常白衣を着用します。昔ほどは一般的ではなくなってきましたが、医者は白衣が業務に欠かせないと考えているようです。トマス・ビンシゲラ氏による2009年の『ニューヨーク・タイムス』の記事は、白衣が患者から患者へ細菌を伝染させる可能性に関する懸念を取り上げました。この問題に対してある医学部の医者は、白衣が自分が何者であるかを明確にしており、医者としての職務を果たすために白衣が必要だと述べています。印象操作における服装の力は、この医者が述べていることから明らかです。彼は、患者が医者と親密さを共有し、検査に同意するときに、医者が「スターバックス」で働いている人のように見えないほうがよいことを示しています。実際に多くの人は、「スターバックス」でダブル・シナモン・カプチーノを白衣を着て首に聴診器を付けた人に注文することに、違和感を覚えるでしょう。

成功や昇進に関する利点と同時に、新たな役割にふさわしい行動を求められたり、周囲の期待に添うように強いられることがあります。時として、新任研修を終えたばかりの医者や弁護士、会社の重役は、服装や所有物によって新たな地位を確かなものにしたいのかもしれません。そのような変化は、新しい衣服やスポーツタイプのＢＭＷ、郊外の豪邸を購入するきっかけとなるかもしれません。新しい会社は、最近の上昇気流を裏づけるために、ふんだんに家具や美術品、工芸品を備え付けるかもしれません。人が新たな環境に加わるとき、人は他人を気にし、他人の行動の仕方に自分の行動を合わせます。このような方法で、人は新たな役割と一致した方法で振る舞うことができるようになります。したがって、人のイメージは、ある立場での実際の専門性や業績だけではなく、その成功の外見的な特徴によって決まります。失業や債務超過、健康問題が原因の降格の場合は、人は物やお金だけではなく、もとの地位に関連した名声も失います。時に、イメージを落とすことは、物を失うよりもはるかに大きな影響を与えます。そのような場合にはイメージ以外何も残りませんが、人は良いイメージのまま維持しておくために懸命に努力するものです。

他人に評価されることを気にする場合に、人は特定のイメージを与える特定のパフォーマンスを選択的に行います。私たちのほとんどは、良い印象を与えたいとの目的を持っていますが、その示し方は状況によって多様です。午後に面接があり、夕方に初デートをする人は、二つの状況で異なった服装をして行動するでしょう。もし彼が二つの状況を混同してしまったら、彼は職にもつけないし独りぼっちにもなりかねません。また、どのような面接も同じとは限りませんし、すべてのデートも同じとは限りません。販売の仕事は会計の仕事よりもさまざまな対人的な技術を必要とします。そして、初デートで野球の試合を見に行くのは、オペラに行くのとはかなり異なっています。さらに、ある行動パターンはある人には好意的な印象を与え、別の人にはとても否定的な印象を与える場合があります。

もう何年も前のことですが、学部の教員を採用するため、候補者に面接をしたときのことを思い出します。その候補者をウォーリーとでも呼びましょう。彼は、素晴らしい経歴と研究実績を持ち、学部に対してとても興味深い話をしていました。教員の採用には各教員による個別面接の評価も重要でした。私は、ウォーリーとの面接でとても良い印象を持ちました。彼はとても能力があり、愛想がよく、学部からの人事募集の条件に値していると思いました。しかし、すべての教員が私と同じ印象を抱いているわけではないことを知り、驚いたのです。ある同僚——トムと呼びましょう——は、非常に否定的な印象を持っていました。候補者を評価するための学部会議で、トムは対面時のウォーリーの握手の仕方で否定的な印象を受けたと言いました。トムはウォーリーが右手で握手するだけではなく、同時に左手でトムの右腕の後ろ、つまり肘の上をつかんだそうなのです。トムは、左手でつかむことは、同僚になる可能性のある人との最初の面接で適切な行動〝ではない〟と主張しました。実際にそれは、他人を思いどおりに扱うという、過度に友好的で、また非常に厚かましい行為だったのです。トムは、ウォーリーを信頼できないペテン師だと感じました。私は非言語行動にかなり関心を向けてきましたが、握手から推測することも多くあるように思われます。そしてトムは、彼の意見に二、三人の同僚を納得させませんでした。私たちはウォーリーの採用について合意に至ることができず、彼を採用しませんでした。私は、ウォーリーが左手を自分の脇にとどめていたならどうなっていただろうと思っています。

ここまでの説明は印象操作の送り手側に焦点を当てましたが、相互作用においては受け手側も印象操作を成功させるために重要です。すなわち、人は、望みどおりのイメージを作り出すために外見や行動を操作しなければならないだけではなく、パフォーマンスに対する相手の反応にも敏感でなければなりません。つまり、他人が私の行動にどのように反応しているのかを、理解する必要があります。このようなメタ認知は、他人の友好性や外向性、支配性の直接的な認知とは異なります。たいてい、求職者は、面接者のパーソナリティ帰属にはあまり関心がなく、面接で自分がどの程度良い評価をされるかに関心があります。したがって、求職者がもつ技能や興味の程度に応じた面接者の微笑みやうなずきは、微笑みがない場合や首を横に振る場合と大きく異なります。効果的な印象操作のために人は、必要とされる行動レパートリーを持つだけではなく、相手を理解したり行動を調整するタイミングを知る必要があります。

時には、特定のイメージを作ることは、協力的な活動になります。すなわち、二人あるいはそれ以上の人が、相手とのアイデンティティを作り出す際に関わっています。たとえば、公共の場所で恋人の手を握ることは、親愛の情を示す合図だけではなく、彼らがカップルであることを他人に知らせる合図にもなります。ある人が、よそ者と恋人を取り合うかもしれないという恐れを感じると、カップルのアイデンティティを守るために恋人に触れ、抱きしめる行為が増加します。ゴッフマンは、こういった二人を結びつける行動を〝tie-signs〟（＊訳注1）と呼んでいます。手の込んだ、そして時にはだまそうとするパフォーマンスは、特定の関係性を裏付けるために行われます。今にも離婚寸前の不仲な夫婦が、夫婦間の問題を知らない親族の集まりに参加しなければならない場合があります。幸せな結婚生活を送っているという印象を維持することが重要なら、彼らは夫婦間に対立があったとしても、他人の前では互いに手を握って微笑みます。中間管理職なら、上司を夕食に招待して、上司が高い評価を下すであろう良いマイホームパパのイメージを作ろうと努力するかもしれません。彼は上司の前でふだんよりも子どもたちに注意を払い、関わろうとするでしょう。子どもたちは父の行動の意味に気づいていなくても、子どもたちはそのパフォーマンスには欠くことのできない共犯者なのです。

したがって、非言語コミュニケーションは、特定のイメージを作り出す際に重要な役割を果たします。実社会に対して、私たちは単なる特性や能力、才能の持ち主だけではありません。私たちのアイデンティティは、私たちの外見や非言語行動にも反映されます。社会的状況でイメージを形成するとき、私たちはまた、他人の反応に敏感でなければなりません。すなわち、私たちは同時に自分の行動を操作し、自分のパフォーマンスに対する他人の反応に重きを置くのです。この例は、非言語コミュニケーションの送り手側と受け手側の適応可能な相互依存関係を示しています。印象操作はさまざまな社会的活動のなかで起こりますが、それは政治分野で特に重要であり、興味深いものです。

＊訳注1　結合のサイン。二人の結びつきが強いことを示すコミュニケーションの特徴のこと。腕を組むなどがこれにあたる。

選挙と印象操作

1960年9月下旬、アメリカの大統領選挙戦は過熱していました。副大統領ニクソンは、世論調査ではリードしていましたが、上院議員ケネディとの戦いでは夏の終わりまで非常に接戦でした。この選挙戦はこれまでの選挙戦とは異なっていました。初めて全米で候補者のテレビ討論会が予定されたのです。9月26日の初回の討論直前のギャラップ世論調査によると、ニクソンがケネディを1%リードしていました。第1回目の討論会後に行われた世論調査では、ケネディがニクソンを3%リードしていました。世論調査は通常3、4%の誤差がありますが、第1回目の討論会で何か重要なことが起こったことは、はっきりしていました。6週間後、ケネディは非常に僅差で選挙戦に勝利しました。では、多くの有権者に影響を与えた討論会で、いったい何が起こったのでしょうか。

非言語コミュニケーションの研究者である、故ラルフ・エクスラインが私に話してくれたことには、いくつかの手がかりが含まれていました。第1回目の討論会の夜、エクスラインは夜間課程で授業をしていました。彼は車で家に帰る途中にラジオで討論会の一部を聴きました。その間、彼の妻はテレビで討論会を見ていました。ケネディの支持者であるエクスラインは、家に着いて妻に、ケネディがうまい受け答えをできず残念だと感想を言いました。そのことばに妻は信じられないという反応を示しました。彼の妻は、ケネディが勝利者であると確信していました。そして数百万人の視聴者もそ

1960年9月26日、第1回アメリカ大統領選のテレビ討論会のケネディ（左側）とニクソン（右側）（出典：www.archive.org）

図 9-1　テレビ討論会での候補者

う感じていたのです。実際、視聴者の投票は、ケネディの討論が良かったと思った人が43％、ニクソンの討論が良かったと思った人が23％、互角であると思った人が29％、無回答が5％という結果でした。

第1回目の討論会を〝見た〟人には、二人の候補者の見た目の違いが歴然としていました。多くの有権者は、テレビ番組で何度もニクソンとケネディを見ていましたが、その討論会は、同じ壇上で同じ質問に回答し合う候補者を見る機会を与えました。そのため候補者二人の直接的な比較は避けられませんでした。最初から、ケネディの外見はニクソンと比べて明らかに勝っていました。感じの良い外見は、大統領の職にとって必要条件ではまったくありません。しかし、身体的に魅力的な人は、そうでない人と比べて他人の賛同を得やすいのです。たとえそれが初デートか、就職面接なのか、選挙運動なのかに関係なく。

1960年の討論会の写真には、候補者の外見の違いがはっきりと見られました（図9－1）。身体的魅力は、ケネディの唯一の強みではありませんでした。ニクソンには少し前に患った病気の影響が見られ、10ポンド体重が落ちていました。彼は青白く疲れて見えました。彼の母親を含め、彼のことをよく知る人々は、彼が病気のように見えると思いました。対照的に、ケネディは日焼けしゆったりとしていました。また、ニクソンは髭《ひげ》が濃かったため、いつも髭を剃る必要があるように見えました。ニクソンは討論会の直前に髭を剃りましたが、化粧品で濃い髭剃りの跡を隠そうというスタッフの提案を断りました。それどころか討論会の最中に、髭がうっすらと生えてきていました。また、ニクソンの顔に汗がはっきりと見えました。それは、プレッシャー下で「冷静さ」を主張しているとは言い難いものでした。二人の候補者の違いには、外見以上のものが見られました。行動スタイルにもはっきりとした違いがありました。ニクソンは、政治活動の期間中ずっと彼を悩ませていたことですが、カメラの前での落ち着きが見られませんでした。特に、ニクソンの視線は定まっておらずキョロキョロしていました。それは不快感を示し、さらに悪いことには偽りを示しているようでした。対照的にケネディは視線が定まっており、自信のある行動スタイルをとっていました。

全体的に見ると、ケネディは明らかに外見とスタイルでニクソンに勝っていました。ニクソンが明らかに勝っていた一つの点は、ことばによる発言内容かもしれません。ニクソンの選挙スタッフでさえ、彼が討論会で負けたと結論づけました。ニクソンの副大統領候補、ヘンリー・カボット・ロッジは、彼の評価に細心の注意を払いませんでした。ある記事によると、討論会の終わりにロッジは、「あの野郎のせいで我々は票を失った」と述べたとのことです。視覚的イメージの影響は、ケネディがテレビ視聴者の間で勝利したという事実を反映しており、一方でニクソンは、ラジオ聴取者の間で勝利しました。ケネディにとって幸運だったことは、ラジオを聴いていた人よりもテレビで討論会を見ていた人が多かったということです。

選挙後ずいぶん経ってから、政治的コミュニケーションの専門家、シドニー・クラウスは、討論会の実証的で事例的データを再検討し、人々が討論会で聞いたことよりも見たことに興味を持ったと結論づけました。討論会の視覚的イメージの重要性に関して、選挙戦から40年後に行われた、ジェイミー・ドラックマンによる要因の統制をしっかり行った実験によってさらなる証拠が示されました。元の討論を一度も見たことも聞いたこともない参加者が、視聴覚条件あるいは聴覚条件のいずれかにランダムに割り当てられました。聴覚条件の参加者と比べて視聴覚条件の参加者は、ニクソンよりもケネディを誠実であると評価し、討論の勝者をケネディと見なす傾向がありました。

選挙戦の最後の数週間でニクソンは懸命の追い上げを図り、支持率を上げていきました。実際、選挙戦があと二、三日長く続いていたら、ニクソンはケネディの支持率を上回っていた可能性がありました。第3回目の最後の討論会でのニクソンの出来は良かったのですが、第1回目の討論会の否定的なイメージを覆すことはできませんでした。1960年に討論会がテレビ放送されておらず、代わりにラジオで行われていたら、ニクソンが勝利していたかもしれません。ニクソンが1960年に選出され、1963年11月にケネディが暗殺されていなかったとしたら、いったいアメリカは、もっと言えばいったい今日の世界はどうなっていたのでしょうか。もちろん、どんなことが起こっているのか知ることはできませんが、この50年間の重大な出来事のいくつかは非常に異なった結果となっていることでしょう。

懐疑的な人は次のように尋ねるかもしれません。ニクソンの外見や行動スタイルがそのようにマイナスに働いたならば、どうやって彼は1968年に当選し、1972年に再当選することができたのかと。ニクソンは最初の敗北から学び、後にイメージを改善するために多大な努力をしました。また、カリフォルニア州民主党予備選挙の勝利の夜、ボビー・ケネディが暗殺されたため、1968年の選挙の過程は変更されました。民主党はリンドン・ジョンソンのもとでの副大統領を務めた、民主党員ヒューバート・ハンフリーを擁立しました。ハンフリーは、ベトナム戦争におけるジョンソンの政策に反対したため、それに関して民主党が二つに分裂しました。4年後の1972年、民主党候補、上院議員ジョージ・マクガバンは、多くのアメリカ人にとってはあまりにも改革派過ぎて、「革新的」とレッテルを貼られました。さらに、ハンフリーとマクガバンはどちらも、悪いほうに作用する点を打開するだけの、ジャック・ケネディのような外見やカリスマ性を持ち合わせていませんでした。

リーダーの選挙で、外見やスタイルが重要な役割を果たすのはなぜでしょうか。リーダーは、彼らの考え方や信条、政綱をもとに選出されるべきでしょうか。リーダーがどのように見え、どのように振る舞うかをもとに選出されてはいけないのでしょうか。ほとんどの人は候補者の政策に関心がありますが、指導者に好意を持ちたいし、自信を持っていてほしいし、安心を得たいのです。好意や自信、安心は、見かけや行動スタイルによって大いに影響を受けますから、上手に振る舞う魅力的な候補者は、自己呈示技術に乏しい非魅力的な候補者よりも非常に有利なのです。さらに、このような判断の多くは、候補者の実績に基づいたものではなく、いつの間にかできた印象による結果なのです。

1984年のアメリカ大統領ロナルド・レーガンの再選後、私は、選挙運動としてテレビ放送された第2回目の討論会をサンプルとして、要因の統制をしっかりと行った実験を実施しました。もちろんこれは、レーガンの地滑り的勝利後のことでしたが、研究の本題は、レーガンの印象と民主党の対抗馬ウォルター・モンデールの印象に関して、視聴覚、視覚、聴覚、文章といった多様な様式の相対的な効果を検討することでした。それぞれの候補者が、アメリカとソビエト連邦の関係、移民、戦略的防衛構想、他国へのアメリカの関与といった、比較可能な論点を話している四つのサンプルを選択しました。それぞれのサンプルは約40~50秒の長さで、それぞれの候補者の総呈示時間は同じでした。参加者は、それぞれの候補者の四つのサンプルを見て（聞いて、読んで）、能力や誠実さ、好ましさ、落ち着きといった11項目の特性を評定しました。

予想どおり、レーガンが四つの条件すべてにおいてモンデールより好まれていましたが、二人の候補者の差は、映像を示した視覚条件で最も顕著でした。同じ討論の映像を用いて、同じ条件で、第二の実験を行いました。その実験では特に、非言語コミュニケーションに関係のある身体的魅力と表出性の二つの評価に焦点を当てました。どの条件でも、レーガンは有意に魅力的で表出性が高いと評定されましたが、その違いは視覚条件で最も大きくなりました。私たちは視覚形式の行動的な違いについて客観的な分析をしました。そして、候補者間にいくつかの著しい差を見つけたのです。モンデールの瞬《まばた》きの回数はレーガンの約2倍、1秒間におよそ1回でした。瞬きの多さは不安や落ち着きのなさを意味します。また、レーガンはモンデールよりも表情が豊かでした。これは、頭の動きや眉の動き、視線方向の変化が多いことを示しています。さらに、モンデールはレーガンよりも表出的な動きがほとんどなく、カメラをまっすぐに見つめているように見えました。私は、このような行動の違いが選挙の結果を決めたと主張するわけではありません。しかし、おそらく行動の違いが、一般投票でレーガンが大勝した一因となったのではないでしょうか。

アメリカの近年の大統領選挙は、魅力と行動スタイルの重要性を示しています。1992年と1996年の大統領選挙でのビル・クリントンは、1992年のジョージ・H・W・ブッシュ、1996年のボブ・ドールよりも、明らかに外見やスタイルが勝っていました。2000年の大統領選挙（ジョージ・W・ブッシュ対アル・ゴア）と、2004年の大統領選挙（ジョージ・W・ブッシュ対ジョン・ケリー）には、ケネディやレーガン、クリントンのような表出的スタイルを持つ候補者がいませんでした。2000年と2004年の大統領選挙に、どちらかの政党がカリスマ性のある候補者を指名していたら接戦にはならなかったでしょうし、結果に関する辛辣な批判も避けられたでしょう。2008年の大統領選挙では、外見とスタイルがはっきりと異なっており、バラク・オバマはジョン・マケインよりも好意を持たれていました。もちろん、共和党員を悩ませる重要な問題、特に経済やウォール街の破綻があったのですが、オバマの外見やスタイルが対立候補を圧倒することは容易でした。民主党候補は誰でもその選挙で勝っていたと思いますが、一般投票での大きな差は、オバマの魅力と若々しさ、行動スタイルによってもたらされました。

多くの人は外見やスタイルをもとに、意図的、意識的に投票してはいません。しかし、このような特徴は政治において重要です。起こりそうな影響についてまとめてみましょう。私はもちろんアメリカについてよく知っていますが、一般的な投票の過程は、おそらく政治制度に影響されていると思っています。強くはっきりとした政治的態度を持っている人の投票先は、一般的に彼らの態度によって予測されます。アメリカでは、候補者の外見やスタイルにかかわらず、保守的な共和党員は民主党候補者に投票しませんし、改革派の民主党員は共和党候補者に投票しません。政治思想の中間層の投票者は、候補者の魅力や表出性に影響を受けますが、投票の選好に関してほとんど影響されません。無党派層は、候補者の魅力や効果的な行動スタイルによって、たいていすんなり候補者に好意を持ったのです。いったんある候補者に好意を持ったら、人々はそのような好みを正当化するために、根拠ある理由に注意を向けます。しばしば意識外で、無党派層は自動的な選好を正当化するために、特定の問題や政策についての候補者の見解に焦点を当てるでしょう。このように、無党派層は、しっかりとした理由で、論理的に考えて、外見ではなく中味で候補者を選択したと思うのです。とはいえ、選好のきっかけは、外見やスタイルに基づいてできた最初になされた判断次第なのです。

候補者の外見や非言語スタイルが、有権者の投票率に影響を与える別の面もあります。特に、出かけていって投票するという時間と労力をかけることへの動機づけは、候補者の魅力や活力に影響されます。したがって、魅力的で表出的な候補者は、決断力のない有権者の投票率を高め、票を獲得できます。一方で、非魅力的で表出性の低い候補者は、決断力のない有権者の投票率の低下に悩まされます。これは、投票所への道のりや長蛇の列、待ち時間、悪天候によって左右されるでしょう。そのような場合、これは有権者の態度を変化させる候補者の外見やスタイルという問題ではなく、単に最終段階に進む動機づけや、好みの候補者に実際に投票しようとする動機づけの問題です。

印象操作の有用性

印象操作を、自分の利益になるようにとか、人の目を欺くために特定のイメージを作り出すことと見なすのは簡単です。ときおり人は見かけを操作し、望みどおりの印象を与えるために行動を管理しますが、自分に有利になるように観察者や相互作用相手に偽りの印象を与えようとします。とはいうものの、ほとんどの行動は、与えられた役割の実践的な目的を促進するアイデンティティや地位に関して、相対的に正確な提示をしています。加えて、外見や非言語行動を通して特定のアイデンティティを対外的に提示することは、役割のうえでの実際のパフォーマンスを促進します。ゴッフマンは〝理想化（idealization）〟としてこの過程に言及しています。すなわち、理想的な役割の外向けの体裁を整えることによって、役割の実質的な要求を満たすための圧力が高まります。したがって、パフォーマンスすることは、特定の役割における能力や成果の向上へのコミットメントを高めます。つまり、見かけや行動特徴に端を発して、その役割をしっかりと担っていきます。

印象操作は、それを行う人にとってだけではなく、観察者や相互作用の相手にとっても適応的です。多くの場合、私たちは他人を外見や行動を通して知ります。服装や身体的な外見、装飾品、非言語的な振る舞いは、社会的階層や組織における地位や立場を伝えてくれます。観察者はすぐに、正確に行為者の役割を特定し、出来事の成り行きについて予測します。もちろん、一方を印象操作を行う人、他方をその相手あるいは観察者、と見なすことは状況を単純化しすぎています。相互作用において、人は行為者（送り手）あるいは相手（受け手）の両者に、同時になります。すなわち、それぞれの役割で印象操作をし、同時に他人のパフォーマンスに反応します。多くの場合、このような相互作用は、両者とも自分の役割を示すだけではなく、相手の行動の妥当性も受け入れていますから、安定した予測可能な方法で進んでいきます。そのような相補性がないと、一方あるいは両者による行動調整は、過度にパフォーマンスで主張するために適用されるかもしれません。

したがって、社会的状況での印象操作は、その他の機能と同様に、相互作用的な過程なのです。ある人の外見や目的指向的な行動は、一人あるいは複数の相手の外見や目的指向的な行動と関連して働くのです。相互作用の行動のその後は、相手の行動レパートリーによって決まるだけではなく、相手の行動を理解し、そして適切な判断をすることによって決まります。最終章では、相互作用での送り手側と受け手側の非言語コミュニケーションの適応的な方向を説明し、理論的な枠組みを示します。

第10章 システムズ・アプローチ

ここまで、非言語コミュニケーションの基本的な性質を説明し、それに影響を及ぼす主な要因を取り上げ、複数の異なる機能の観点から非言語コミュニケーションの有用性を分析してきました。今まででは個人レベルのコミュニケーション行動を、一つずつ解説していくアプローチが主流でした。それに対して本書では、メッセージを伝え理解する際の非言語コミュニケーション行動を、全体的なパターンの観点でとらえることの重要性を強調しています。また、社会的状況で行われる非言語コミュニケーションを理解するためには、メッセージを伝える過程とそれを理解する過程が、同時に起きている点に注目しなければなりません。単純にメッセージを伝える過程とそれを理解する過程のどちらかだけに焦点を当てることや、特定のコミュニケーション行動のみに焦点を当てることは、確かに理解が容易になります。しかしながら、それでは複雑な非言語コミュニケーションを検討したことにはならないのです。そして、伝えたメッセージが相手に理解される過程は、生物・文化・性別・パーソナリティの要因によって影響を受けています。つまり、一人ひとりがこれらの要因の組み合わさった「手荷物」をコミュニケーションに持ち込み、それがコミュニケーションの全体的なパターンに制約を課すのです。そのやり取りには二人以上の参加者がおり、非言語メッセージを伝え合います。もちろん、この対面のやり取りは、常に、非言語コミュニケーションを方向づける特定の環境のなかで生じるのです。

これらはすべて、システムズ・アプローチの特徴です。つまり、いかなる非言語コミュニケーションもより大きな文脈である、システムのなかで起きています。本章の目的は、すべての要因と過程をシステムの枠組みで統合し、非言語コミュニケーションを理解することにあります。次節では、この新しいシステム理論が、これまでの章で述べたことを統合する枠組みをどのように提供するかを解説したいと思います。

相互作用的な非言語コミュニケーション理論

非言語コミュニケーションにおいて、人々がいかにメッセージを伝え、理解しているのかを知るための出発点は、第4章で述べた基本要因になります。コミュニケーションのなかで伝えられたメッセージが理解される過程は、生物・文化・性別・パーソナリティ要因によって影響を受けます。たとえば、私たちに生まれつき備わっている生物要因は、進化の過程で形成されてきたものです。この要因

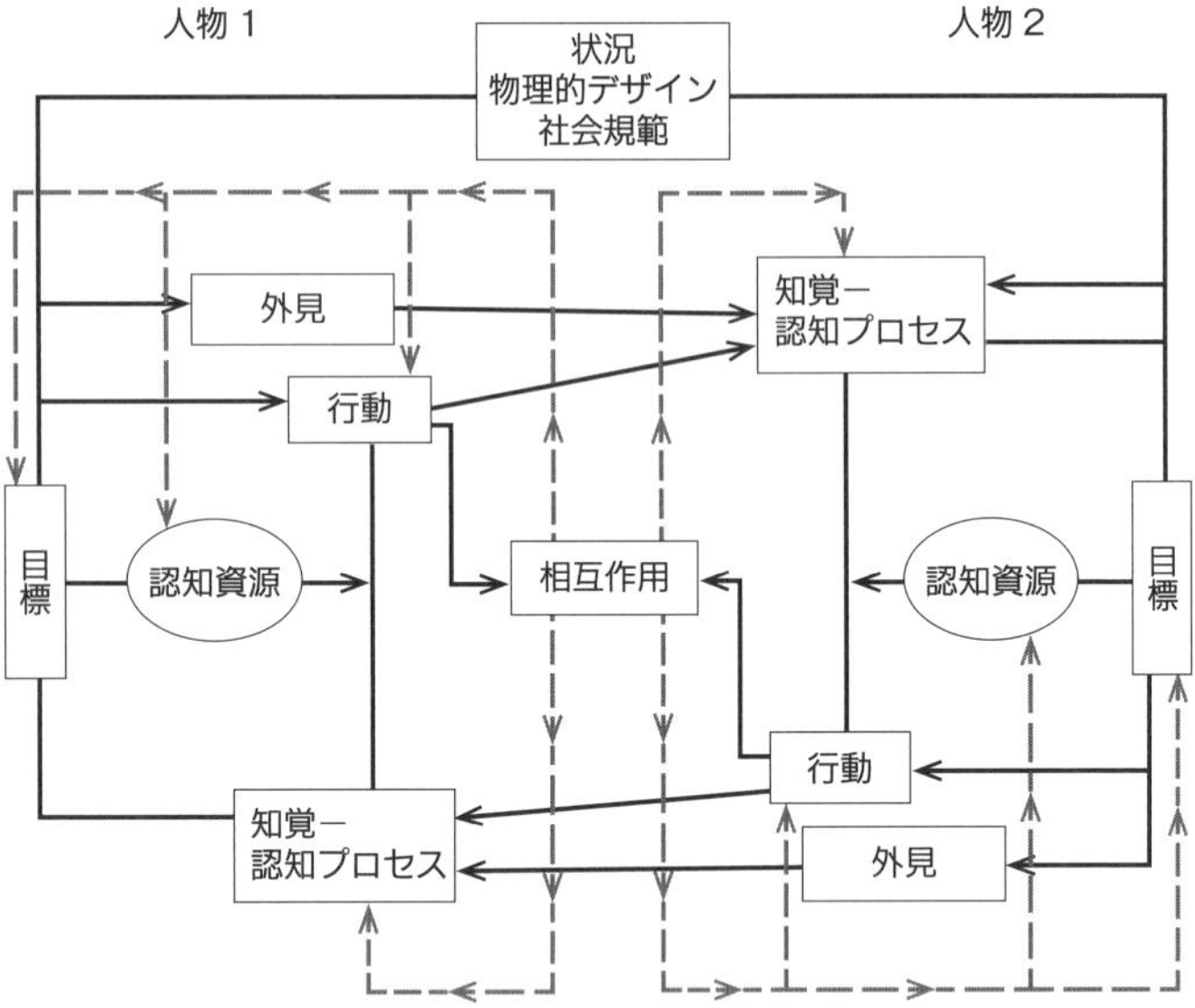

図 10-1　相互作用的な非言語コミュニケーション理論の略図

は、配偶者選択や子どもの養育、協力と競争のような自分自身の生存と子どもを産んで育てるのに必要なことを促進するため、特定の行動と判断が生じやすいようになっています。同じように、文化や性別、パーソナリティの要因も、機能的な非言語シグナルを安定して伝えたり理解したりできるように働きます。これらの要因の実質的な効果は、非言語コミュニケーションのなかでメッセージを伝え理解することに影響する、安定した傾向にあります。とりわけこれらの要因は、非言語コミュニケーションの特定のパターンを制約する態度や感情、期待、目標に影響するのです。なかでも、目標が非言語コミュニケーションに及ぼす影響は重要です。

個人レベルの観点から、非言語コミュニケーションを記述して説明するのは複雑です。ですが、コミュニケーションを交わす全員について説明するのは、より一層複雑になります。図10‐1は二者間コミュニケーションを図示したもので、目標と状況の影響から始まります。一連の過程は図の左右の端に位置する個々人から同時に始まりますが、彼らは同じ状況を共有しています。ここから、個々人の過程は、実際のやり取り（相互作用）を表す中央へと移動していきます。やり取りの四角から出ている破線は、特定のやり取りからの反応が生じていることを示しています。そして、その反応によって、①目標、②認知資源の利用、③行動、知覚‐認知プロセスが修正されます。それゆえ、このシステムは相互作用過程のなかで調整され、再帰的な性質を持っているのです。

◉状況

日常的に、私たちは何かしらの目標を達成するために状況を選択しています。ある日、ある人が出勤して、雑貨店に立ち寄り、その後で近くの公園を散歩するかもしれません。どんな状況でも、私たちは似たような目標や期待を持つ人と一緒にいる可能性が高いのです。ですので、教会で「サッカーの観客」のように振る舞ったり、図書館で「バーの客」のように振る舞ったりすることを私たちは期待しません。しかしながら、状況が人を選ぶこともあり得ます。その状況に近づける人が限られている場合です。たとえ私がハーバード大学の教授になると決心したとしても、ハーバード大学のほうも、私の決心に対して意見があるでしょう。結果的に、私がハーバード大学で教えることはなさそうです。何かの技術や能力、特定の理念に対する深い関与、あるいは経済的資源を基準にして人を選ぶ状況もあります。状況が排他的であればあるほど、その状況に集まる人々の性質が似てくる傾向があります。自分自身が状況を選択するとともに、状況も人を選択するため、本当に偶然ある場所にいるということはめったにありません。加えて、人と状況が相互に選択することでその状況にいる人々の類似性が増すので、コミュニケーションを促す状況に対する期待も、共有されることになります。また状況は、共通の目標を私たちに事前に教える点でも重要です。教会で目指される目標と、スポーツのイベントで目指される目標とは、異なっているのです。

私たちがある状況に置かれると、その状況の持つ物理的特徴や社会規範によってもコミュニケーションは影響を受けます。たとえば、大学では講義とゼミの違いがあります。通常、講義は、前から後ろに椅子を並べた教室で行われます。それに対してゼミは、小さな部屋の中で大きな長方形の机を学生と教授が囲んで行います。ゼミの配置では、学生は互いの姿がよく見えますし、学生と教授のやり取りも活発化します。結果的に、適切な行動規範が二つの授業で異なります。それゆえ、二つの授業によって学生の振る舞いも違ってきます。たとえ私たちが気づいていなくても、状況は非言語コミュニケーションに影響を与えているのです。

◉目標

コミュニケーションは適応的で目標指向的ですが、その目標にはさまざまな種類があります。コミュニケーションには二つの上位目標があることを、バーガーが指摘しています。一つ目に、人々は効率的にできるだけ努力せずに、コミュニケーションする傾向があります。非言語コミュニケーションのなかで自動的にメッセージを伝え、理解することによって効率が増し、労力は最小限ですみます。二つ目に、人々は状況にふさわしい適切なコミュニケーション戦略を採用し、社会的慣習と規範に従おうとします。そうすることで、自分が否定的な注目を集めないようにするわけです。これら二つの上位目標に基づき、コミュニケーションのなかでより具体的な下位目標が特定の行動や判断の戦略を促進するのです。

具体的な目標のもとで、非言語コミュニケーションにおいてメッセージを伝えることと理解することが同時に進行します。これらの目標は意識的なものもありますし、無意識的なものもあるでしょう。その結果、メッセージを伝える過程と理解する過程が自覚的に行われることもあれば、自覚せずに行われることもあるでしょう。また、これらの目標は、前章までで述べたような非言語コミュニケーションの機能によるものです。たとえば、採用面接があれば、面接者に良い印象を与えようとする意識的な目標ができます。これは印象管理機能のひとつです。面接の際は、この目標のもとに、身についている「好印象獲得」スクリプトに沿うような行動が自覚せずとも生じます。その一方で、同じ目標のもとで、自覚しながら意識的な行動パターンが生じるかもしれません。どちらの場合も、面接者が承認や非承認の微《かす》かな合図を発していないかを見つけるため、非言語コミュニケーションの感受性が高まります。面接者からの反応に応じて、好印象の獲得という目標を達成するために行動の調整が必要になるかもしれません。「好印象獲得」目標が無意識のうちに生じることもあります。たとえば、ある朝勤務先に到着すると、何名かの役職の高そうな人物がいて、オフィスを眺めていることに気がついたとしましょう。すると、すぐに、かつ無意識的に、彼らに良い印象を持ってもらえるよう、勤勉な従業員として「懸命に働く」でしょう。この従業員が目標に気づかず、無意識に行動していたとしても、この出来事は目標指向的に生じているのです。

行動と社会的判断が同時にそして相互に影響しながら生じていることは、目標達成のうえで極めて重要になります。相手に対する判断を下した直後に、社会的行動が生じることはたびたびあります。採用面接の例では、ある質問に対する自分の答えに面接者が満足していないと応募者が気づくと、応募者は自分の主張の正しさを説明するために前傾姿勢となり、もっと感情を表出するようになります。またあるときには、社会的判断を検証するために行動戦略を開始することもあります。その行動戦略は、相手の考えや気持ちを査定するための「観測気球」(＊訳注1)になるわけです。恋愛関係では、相手が本気で付き合う気があるのかを試すために、いつもより愛情を込めて相手に接することがあるでしょう。その一方、「その気がないふりをする」ために、愛情や関わりを示さないようにする人もいるでしょう。この戦略目標は、相手が障害を乗り越えて関係に関与するかを見極めることにあります。どちらの場合も行動と社会的判断は一致していませんが、共通する目標のもとで、非言語コミュニケ

＊訳注1　もともとは上空の大気の状態を調べたり、敵地を偵察するために打ち上げる気球を意味した。そこから、相手の反応を見るためにわざと伝えるメッセージを指す。

ーションのなかでメッセージを伝えることと理解することが、相互に影響し合っています。

◉認知資源

非言語コミュニケーションのやり取りの大部分は、自動的に行われています。自動的な行動パターンや社会的判断は、適応的でとても効率的です。もちろん、自動的な行動のすべてがうまくいくわけではないし、自動的に下した社会的判断すべてが正確なわけではありません。私たちはしばしば行動を調整しなければならなかったり、社会的判断を修正しなければならなかったりします。この場合は、行動や判断を変えようとする動機づけが必要ですし、行動や判断を調整・修正するための認知資源が利用できなければなりません。私たちは疲れていたり、不安を感じたり、何か自分が抱えている問題に気を取られたり、心配していたりすると、利用できる認知資源が乏しくなります。認知資源が乏しくなると、非言語コミュニケーションを管理するのに必要な認知資源を十分確保できなくなります。そのような状況下において、私たちは自動的に行動や、判断をしやすくなるのです。つまり、生得的な行動反応や、何度も繰り返して身についている行動反応、ほとんど考えずに下す即時的な判断が優勢になるのです。

じっくり考えて意識的に制御しても、非言語コミュニケーションの質が必ずしも高まるわけではないことを、ここで再度強調しておこうと思います。前章までで述べたように、非言語コミュニケーションにおいて行動や社会的判断が自動的に生じる過程の効用を、私は重視しています。実際、自らの行動を意識的に管理し、他人が形成する印象のことを考えすぎると、コミュニケーションはうまくいかなくなることが、先行研究の知見から報告されています。これは、非言語コミュニケーションによって下される社会的判断のほうで、特に当てはまると思われます。日常生活において、ほんの数秒の間に、迅速に、労せず、比較的正確な判断が習慣的になされているためです。そのような「直感的反応」を見直せば、社会的判断の正確さが損なわれてしまう可能性があります。

◉外見

対面コミュニケーションにおいて、他人の外見は即座に影響を及ぼします。日常生活で私たちは他人を、性別や人種、年齢、魅力のような多くの次元で分類しています。服装も、社会的階層や職業、宗教などを判断する手がかりになります。また、自分と他人との類似性にも敏感です。通常、相手と自分が似ているほど安心できますし、相手の行動を予測できると感じます。もちろん、外見の手がかりが曖昧《あいまい》で、考えないと判断できないことも時にはあります。しかしながら、外見は出会ったばかりの相手に関する重要な情報源ですし、相手がどのように行動するかを予測するための手がかりになります。そして、その情報によって私たちの統制感が高まりますし、特定の行動パターンに関わるスクリプトが活性化されるのです。最後に、相手の外見によって、その後生じる行動のどこに注目するかが異なります。たとえば、外集団に所属する見知らぬ人に出会ったら、内集団に所属する知り合いに出会った場合よりも、否定的な意図に関わる非言語シグナルに、もっと注意を払うようになるでしょう。他人の外見を手がかりにした後は、図10－1の知覚－認知プロセスが生じます。

◉知覚－認知プロセス

私たちは、生物的特徴・文化・性別・パーソナリティ・経験・目標から形成された先入観や認知によってコミュニケーションを行っています。ですから、私たちは白紙の状態で、他人の「客観的」行動に対して単に受動的に反応しているだけではありません。むしろ私たちは、非言語コミュニケーションに関する認知経験や感情経験を持った、能動的主体です。コミュニケーションする際の、私たちが持っている意識的・無意識的態度や期待によって、相手の外見や行動のどこに注意を向けるかが変わります。その結果、相手の外見の特徴や行動は、私たちが注目しやすくコミュニケーションに影響を与えやすいものと、そうでないものに分かれるのです。

もちろん、私たちが相手の外見や行動を見て、そこから得られた情報によっても、知覚－認知プロセスは活性化します。前章までで述べたように、初めて出会った人の外見や行動を単純に見ただけでも、自動的な判断が十分生じます。表情や姿勢、身体的緊張は、行動の意図に関する重要な指標になります。言い換えると、相手がこれから何をしそうかについて知る手がかりになるのです。意図を判断すれば、相手に対して迅速で適応的な行動反応をとりやすくなります。たとえば、「親しみやすい」と自動的に判断したときと、「親しみにくい」と自動的に判断したときとでは、その後の行動がずいぶん変わってくるでしょう。自動的な判断は認知的な努力をすることによって、精緻化されたり、修正されたりするかもしれません。しかし、そのためには十分な認知資源や動機づけが必要になるのです。ですから、外見や行動に関する情報が曖昧な場合や、コミュニケーションが重要な場合に、認知的な努力が行われやすくなります。

外見や行動を知覚することは、社会的判断にだけ影響しているのではありません。相手の意図を判断すると、適応的な自動的行動が生じます。また、知覚と行動の結びつきによって、ある行動を単に見ただけで自動的な模倣行動が生じることもあります。ある行動を見ると、それと同じ行動を生じさせるミラーニューロンが活性化することで、模倣が促進されるのです。また、模倣行動は会話者間の好意や影響力を高める働きがあるので重要です。さらに、相手の目標が即座にわかるとシンクロニーが生じやすくなります。すなわち、表出された行動を手がかりにして相手の意図を素早く理解することができ、それによってコミュニケーションがとてもスムーズになるのです。

したがって、知覚－認知プロセスは、コミュニケーションする際に私たちが持っていた意識的、あるいは無意識的な目標や態度、期待、先入観から始まります。これらの認知は、相手の外見や行動に対する私たちの反応を活性化する、フィルターの役割を果たします。その自動的な判断はさらなる認知的な努力を行うことで精緻化されるかもしれないし、そうならないかもしれません。そして、単に相手の行動を知覚しただけでも、自動的な模倣行動が生じることがあります。この自動的な知覚と行動の結びつきは、図10－1のそれぞれの人物における知覚－認知プロセスと行動のつながりに表されています。知覚してからよく考えて行動を制御する流れは、図10－1の「知覚－認知プロセス」と

「行動」の間に、「認知資源」が介在する箇所に表されています。

◉行動

考えていることや感じていることにかかわらず、人々の行動はコミュニケーションに影響を及ぼします。なにも、思考や感情が重要ではないと主張したいわけではありません。むしろ、他人の思考や感情は、行動を手がかりにしてはじめて知ることができるのです。ゆえに、あなたの友人は、「あなたに会えて嬉しい」と言う（言語行動）かもしれませんし、あなたをハグしながら微笑みかける（非言語行動）かもしれませんし、あるいは、その両方かもしれません。もし友人が無口で極度に緊張しやすいタイプだったら、実際はあなたに会えて喜んでいても行動に変化がないため、その気持ちがまったく伝わってこないでしょう。知覚‐認知プロセスと同じように、行動は、生物的特徴・文化・性別・パーソナリティ・経験・目標の影響を受けています。また行動は、自動的あるいは意識的に処理される知覚‐認知プロセスによって概ね決まっています。模倣行動は、知覚してから行動するまでの流れが自動的になっている一例です。しかし、自動的な意図判断も、自動的な行動の調整を促します。加えて、認知的な努力をすることでも行動は変わります。たとえば、あなたの知人がこちらに近づきながら、「あなたに会えて嬉しい」と〝言って〟いるのに、微笑まず目を逸らしていたら、そのことばは心からのものではないと感じるでしょう。そして、そのことを踏まえて、あなたと知人が何か問題を抱えていたかについて考えをめぐらすかもしれません。そのような場合のあなたの行動は、単なる自動的な反応ではなく、相手の行動を意識してよく考えて吟味した結果、生じたものでしょう。

知覚‐認知プロセスと行動は、双方向的に影響する点に注意してください。第5章で述べたように、行動を手がかりにしてその人物の思考や感情を知ることができます。これは、自己知覚理論で提唱されているような、自分の行動を振り返って自分の思考や感情を知ることでもあります。また、自分に関する情報処理は、表出された行動や動作が変化することで、感情に関するフィードバックが脳に伝わり、自動的に行われます。したがって、相手と自分の行動の両方が知覚‐認知プロセスに関わっているのです。

◉相互作用

ここまでは、それぞれの人物に注目してコミュニケーションに影響する要因とその過程を述べてきました。どの人物も自分の置かれている状況に対応するために、その状況を知覚し、判断し、感じ、場合によってはさらに認知的な努力を行います。そして、思考や感情は行動に影響し、行動が思考や感情に影響します。図10‐1に示したように、実際のやり取り（相互作用）は行動を通じて行われます。お互いの行動パターンを通じてやり取りするのであって、お互いの思考や感情を通じてやり取りするわけではありません。したがって、やり取りをする段階は、コミュニケーションする人同士の行動が協調して連続的に起きる、高次に組織化されたものになります。この話をわかりやすくするために、他人の存在に気がついて、少なくとも一人の人物が行動を変えるところからやり取りが始まったとしましょう。これは、歩行者が近づいてきてわずかに行動を変化させる場合もあるでしょうし、昔からの知り合いに挨拶するために腕を広げて微笑むような場合もあるでしょう。もちろん、相手が、自分と同時に行動を変化させていることもあります。

コミュニケーションで起きることのほとんどは、自動的です。それぞれの人物が相手の意図を読むことで、習慣で身についたスクリプトを活性化させ、それに対応する行動パターンが自動的に生じます。つまり、私たちはコミュニケーションする際、互いがただ単に反応し合っているわけではなく、協調行動のスクリプトを活性化する目標を共有しながら反応しています。これらの一連の行動が対称性を持つことがあります。たとえば、友人同士が挨拶する場合です。それぞれの人物の行動が異なり、相補性を持つために、非対称な場合もあります。たとえば、内科医と患者や、上司と部下のコミュニケーションのような、立場が異なる場合に当てはまります。加えて、会話している人同士が互いの行動を合わせる模倣行動も、自動的に起きることがあります。

それ以外のコミュニケーションは、少なくてもいくらかは意識的に制御されています。つまり、一方の人物かあるいは双方の人物ともに、認知資源を使って行動を制御し、監視するのです。そのような場合、制御中の行動がうまく機能しているかどうかを評価するためにも、認知資源が使われています。たとえば、相手に良い印象を与えることができたかどうか、相手は自分が嘘をついていると思っていなかったか、といったことを点検するわけです。結論が重要な場合や、「あるがままでいる」余裕がない場合に、コミュニケーション行動が制御されやすくなります。当然、コミュニケーションは自動的な過程と制御された過程が組み合わさっています。とりわけ、相手から予期しなかった否定的な反応があったときに、自動的に行った行動を意識的に制御する必要が出てきます。

コミュニケーションの展開は、コミュニケーションが安定しているか、あるいは目標を達成できているかによって決まります。コミュニケーション行動が安定しているほど、コミュニケーションによって目標が達成できているほど、認知資源を使わずにコミュニケーションは続いていきます。すなわち、安定したコミュニケーションが続いているときのフィードバックは、単純な知覚プロセスです。たとえば、会話者同士で微笑み合ったり、姿勢の変化を模倣したりするのに必要なことは、まずはその変化を知覚するだけです。その後、行動を調整することで、新たにその変化が知覚され、コミュニケーションが循環し続けます。もちろん、これは、コミュニケーションの展開のほんの一瞬を切り取ったものです。

このコミュニケーションの循環の自動性は、不安定さによって妨害されます。すなわち、一方の人物かあるいは双方の人物ともに、予期しなかったり、通常と異なっていたりする行動をとった場合です。この不安定さは肯定的なものかもしれませんし、否定的なものかもしれません。たとえば、相手が予想外に親しみやすい人物であれば肯定的ですが、こちらの発言に対して予期せず相手が怒ったら否定的です。目標が達成できなくても、コミュニケーションの自動性は阻害されます。不安定だと思ったり、目標が達成できなかったりすると、コミュニケーションしている一方の人物あるいは双方の人物に、そのことがはっきりとわかります。そうなったとき、十分に動機づけられていると、新しい情報を収集することや行動を制御すること、もしくはその両方に認知資源を活用します。しかしながら、認知資源には限りがありますし、認知資源をメッセージの伝達か理解に使えば、他のことに利用できる認知資源はそのぶん少なくなります。認知資源の配分は、認知資源がもっと必要になる言語的コミュニケーションでさらに複雑になります。

社会的な関わりは、時間の長さの点でも多岐にわたります。たとえば、歩行者が互いに近づいて通り過ぎるだけの焦点の定まっていないやり取りは、わずか数秒の間に起きます。レストランで友人と食事をするときは、友人との関わりは、一時間かそれよりもっと続きます。でも、ウェイトレスとの関わりは1分以内で終わるでしょう。仕事上の会議に要する時間は、議題によって数分から数時間までさまざまです。通常の関わりでは、コミュニケーションが不安定な場合に早く終わりやすくなります。目標達成の効果はさらに明確です。対人目標をすぐに達成したり、達成が不可能だとすぐにわかったりしますと、コミュニケーションが短くなります。達成できていない目標にこだわった場合は、コミュニケーションが長くなります。概して、コミュニケーションの課題や安定性、目標達成度の組み合わせによって、関わりの長さが決まります。そして、あるコミュニケーションを行うと、それは次のコミュニケーションに影響します。最近行ったコミュニケーションのほうが、それより前に行ったコミュニケーションよりも、次のコミュニケーションでの判断や行動に対するプライミングの影響力が大きくなります。

まとめ

本書で述べてきた相互作用的な非言語コミュニケーション理論は、とらえがたい、複雑な非言語コミュニケーションの過程を説明するための、システムズ・アプローチです。非言語コミュニケーションのやり取りを理解するためには、①行動のそれぞれの要素ではない全体的なパターン、②メッセージを伝えることと理解することの同時性、③生物要因・文化要因・性別要因・パーソナリティ要因の影響、④コミュニケーションする人の目標、⑤特定の状況が持つ制約、に注目する必要があります。いかなる複雑なシステムでも、一つの要素や過程によって、結果（この場合は非言語コミュニケーションの特定パターン）が変わってくる可能性が高いです。これは再帰的で適応的な過程です。ただし、コミュニケーションする人々が調整することで、特定の目的を達成することができ、やり取りは安定する傾向があります。

おわりに

非言語システムは複雑ですが効率の良い、適応的なコミュニケーション手段です。非言語コミュニケーションの視覚および音声情報が、社会的判断や行動に及ぼす影響には普遍性があります。このことは、テレビやインターネット、ラジオのようなメディアのコミュニケーションでもよく起きています。内容がコマーシャルか、政治的なメッセージか、単なるニュースの報道かにかかわらず、意見を形成させ行動を変化させるうえで、非言語情報は極めて重要です。さらに、非言語情報のほとんどは、自動的に影響を及ぼしています。情報の受け手は、自分の知覚や判断がどのように影響を受けたのかについて、ほとんど、あるいはまったく気がつきません。結果的に、非言語はとても大きな影響力を持つのです。

しかしながら、非言語コミュニケーションの動的で機能的な特徴が最もよく表れるのは、対面コミュニケーションのなかでの一瞬の繊細なやり取りのなかです。短時間の焦点の定まっていないコミュニケーションから、長時間に及ぶ焦点の定まったコミュニケーションまで、人々は社会的な目的を達成するために行動しながら判断を下しています。コミュニケーション・パターンには、生物要因に由来する生得的なものもありますが、文化要因や性別要因、パーソナリティ要因も、非言語コミュニケーションの規則性に関わっています。非言語コミュニケーションは機能的なので、コミュニケーションの展開は、意識しているかどうかにかかわらず、会話者の目標によって左右されます。会話者間のやり取りの大部分は自動的です。ですが、コミュニケーション中の判断や行動を意識的に制御して調整することも、会話者が十分動機づけられていて、判断や行動を修正するための認知資源を持つときには可能となります。幸運なことに、優勢となっている自動的な過程によって、私たちは社会生活を円滑に営むことができているのです。

今や私たちは、この複雑なコミュニケーション・システムについて、数十年前よりはるかに多くのことを知っています。自然科学や社会科学がそうであるように、新たな発見は新たな疑問を生じさせ、この連鎖は尽きることがありません。これからの将来、実証研究はいまだ予想していない問題に取り組むでしょうし、その発見を説明できるような新たな理論を構築しなければならないでしょう。新たな発見をし、その知見を統合して理論化していく過程は、非言語コミュニケーションに関する私たちの理解を広げ続けるでしょう。その営みが人類に大きな示唆をもたらすことを、私は期待しています。

監訳者あとがき

本書は、Miles L. Patterson 著、*More than words: The power of nonverbal communication.* Editorial Aresta（２０１１年刊）の翻訳書である。

コミュニケーションすることは、人が生きていくために呼吸することとほぼ同じように「当たり前」のことであり、多くの人はふだん気にも留めていない。しかし、われわれは、お互いの気持ちを伝え合うことなしには、どのような関係を結ぶこともできない。もとより、自分がどのような特徴を持っているのかも理解できないであろう。自分が細かなことが気になって落ち込みやすいのか、周りにあれこれ気を配ってもっと慎重であればいいのかというようなことすら、他人とのコミュニケーションを通じて比較してこそ気づくものである。

しかも、出生前の赤ちゃんと母親もコミュニケーションしており、その後の人生が終わるまで休むことはない。それほどに当たり前に行われているためか、科学の歴史において客観的な研究の俎上に載るには遅かったといえる。心理学の領域では、進化論で有名なチャールズ・ダーウィンが１８７２年に『人及び動物の表情について』（濱中濱太郎訳、岩波書店、１９３１年）を著し、感情表現の行動として顔の表情や姿勢に着目したことが、コミュニケーション研究の先駆けとされている。たかだか140年強の歴史なのである。ただし、この間、急速にコミュニケーションについての研究は展開し、多くのことが解明されてきたといえる。それだけ、大方のニーズがあることになろう。

また、コミュニケーション・スキルの低下が、産業界や学校関係者によって近年指摘され、経団連の調査によると大学新卒者採用に際して重視する要素として1位を維持し続けている。このことは、いかにコミュニケーション・スキルが重要であるか、かつ、実際には適切にコミュニケーションできない人が多いかを物語っている。ただし、ここで注意しなければならないことは、「コミュニケーション」は何を指しているかということである。大方は、言葉による伝達を思い浮かべるであろう。これは意識的に準備することであり、注意の対象になりやすい。しかし、本書で詳しく述べられているように、それは確かに大事であるが、実際の対人関係を考えるならば、氷山の一角である。同じ言葉を用いるにしても、目尻を下げてにこやかな表情で言うのか、それともまなじりを決して言うのとでは、正反対ほどの意味の違いがある。加えて、にこやかな表情をたたえながら相手に手を差し伸べて行う握手と、眉間に皺を寄せながら行う握手では、相手が受け取る握手の意味には雲泥の差がある。このように、言語チャネルと非言語チャネル間のみならず、非言語チャネル同士間にもダイナミックな関係がある。

本書の著者であるマイルズ・L・パターソン先生は、ミズーリ大学セントルイス校に長年勤められ、その貢献が認められ、2012年秋からは功労教授となっている。数多くの論文や編著があり、対人コミュニケーションの世界的な専門家である。特に、本書にそのエッセンスがわかりやすく込められている、機能論的アプローチの立場の先駆者であり（『非言語コミュニケーションの基礎理論』工藤力監訳、誠信書房、1995年刊）、非言語コミュニケーションの平行プロセス・モデル（Parallel Process Model）の提唱者である。非言語チャネルは、視線、顔の表情、ジェスチャー、うなずき、対人距離など多様である。これらは、身体器官の使用の違いに由来するものであり、伝統的な分類法である。しかし、親密さや社会的勢力の表出は、個々のチャネルに独立に込められるものではない。心的メッセージを多様なチャネルに応分に配分しているのであり、かつ、あるチャネルに込めた意味を別のチャネルの行動で補強したり、希薄にすることもしている。このようなことにこそ、コミュニケーション行動を通じて心的メッセージを理解すべきなのである。パターソン先生の主張には、このことが一貫している。さらに、コミュニケーション行動が表出する過程には個人やコミュニケーションを結ぶ相手との関係、行動が展開される環境、さらに、コミュニケーションが展開する時間的経緯が相互に緻密に関係している。つまり、コミュニケーション行動の一部を安易に切り取ってしまうのでは、人、対人関係を適切には理解できない、総合的な理解を旨とすべきであることを、平行プロセス・モデルに込めておられる。

２００６年、当時大阪大学に勤務していた私に飯塚雄一先生から、「パターソン先生が日本に来られる。ついては大阪大学で講演会を開催してはどうか」との誘いをいただいた。非言語コミュニケーションを研究する者にとっては、パターソン先生の機能論は必須の理論であり、私もそして私の研究室の学生たちも研究の基本視点をなすものであった。講演会は、２００６年６月24日に大阪大学大学院人間科学研究科にて"International Perspectives on Social Psychology"として開催され、関西のみならず、中国、中京、関東地域からも、多くの心理学研究者、コミュニケーション研究者の参加を得て盛会であった。なお、このときの講演内容は、「非言語コミュニケーションの統合モデルに向けて」（村山綾訳）と題して、『対人社会心理学研究』７巻、２００７年１月発行、に掲載されているので参照されたい。

翌年、先生は再来日され、同じく大阪大学にて２００７年11月26日にも「社会的認知を超えて――社会的行動研究のすすめ」と題して講演をいただいた。なお、これまでのところ来日はこの２回である。

本書は10章からなっている。第１章から第４章までは、非言語コミュニケーションになぜ注目するのか、どう注目するのかから始まり、恣意的にならない科学的なアプローチの必要さを述べている。非言語コミュニケーションとボディ・ランゲージとは一般に混同されているが、これは異なる概念であることを力説することから第１章は始まっている。多くの読者は、読み始めでは「なぜ？」と思われるだろうが、著者の指摘に容易に得心されるであろう。そして、非言語コミュニケーションが、社会的な多くの要因が連関しながら成立しており、その綾をどのように正しく理解していくべきか、また、その基本的視点について丁寧に解説している。第５章から第９章は、非言語コミュニケーションの機能として重要な情報提供、相互作用の調整、親密性の表現、承諾、説得、欺瞞などの対人影響力、印象操作について膨大な研究を踏まえながら、日常的な例をわかりやすく挙げながら述べている。最後の第10章では、図10－1の理論モデル図に象徴されているように、個人の心理メカニズム、社会的諸要因を網羅的に組み込んだ、コミュニケーションのプロセスを鳥瞰するモデル論を展開している。パターソン先生の長年の研究経験の集大成ともいえるものである。

翻訳は、第1章は大坊郁夫、第2・6章は飯塚雄一、第3・4・5・10章は木村昌紀、第7・8・9章は横山ひとみが担当した。他に、日本語版に寄せて、まえがき、文献解題は大坊が担当した。翻訳にあたり、訳語の調整等は大坊が行った。

最後に、本訳書の出版を快諾いただいた誠信書房の松山由理子編集部長、そして、翻訳編集については綿密な助言をいただいた中澤美穂さんに記して感謝いたします。

2013年8月10日

訳者を代表して　大坊 郁夫

Wilson, T. D. (2002). *Strangers to ourselves: Discovering the adaptive unconscious*. Cambridge, MA: Belknap Press.

適応的な意味を持つ無意識の作用についての魅力的で、洞察力に富む書である。ウイルソンは、無意識過程の普及、効率性そして人々は自分の判断や行動のことをいかに気にも留めていないかを強く主張している。非言語コミュニケーションは無意識的な過程に支配されている。

おける非言語コミュニケーション理論までをこの書の 10 章で論じている。40 年以上も実証研究がなされてきたのだが、非言語コミュニケーションについての新しい発見、微細なプロセスについてもよくわかっていない。一方、非言語コミュニケーションのダイナミズムを説明しようとする理論は次第に複雑さが増し、広がりを見せている。

Patterson, M. L. (2008). Back to social behavior: Mining the mundane. *Basic and Applied Social Psychology*, **30**, 93-101.

現代の多くの社会心理学研究では、実際の社会行動を追究するのに認知過程に焦点を当ててきた。この論文は、二種類の主要な雑誌と関連雑誌に掲載された論文にこのような動向が見られることを検討し、「社会行動へ戻ろう」と提唱したものである。とりわけ大事なことは、本書の第 6 章で述べたような、焦点化されていない、ふだんの相互作用における何気ない非言語行動を研究することである。

Webb, E. J., Campbell, D. T., Schwartz, R. D., & Sechrest, L. (1966). *Unobtrusive measures: Nonreactive research in the social sciences*. Chicago, IL: Rand McNally.

創造的な測定方法についての古典的な研究論文集である。ことに、ウエッブたちは、単純な自己報告を超えた方法、つまり、対象者をあまり意識させない、あえて積極的な協力を求めないでも可能な測定法の重要性を強調している。このことは、本書で繰り返し述べてきたテーマであり、また、「社会行動へ戻ろう」と掲げたパターソン（2008）の論文で取り上げてきたことでもある。

Wicker, A. W. (1979). *An introduction to ecological psychology.* Belmont, CA: Wadsworth.

人々の行動は、状況の影響力を過少評価し、主にその人の内的特徴や態度によって決まると大方の人は見なしている。ウイッカーは、いかに状況が人々の行動を制約するものであるかを強調したアプローチである生態心理学の概略を示している。たとえば、人は場面を選ぶが、場面もまた人を選び、当該の行動の社会規範を与える。このように、多くの状況では、場面は個人の特徴や態度よりも行動のより適切な予測因といえる。

Knapp, M. L., & Hall, J. A. (2006). *Nonverbal communication in human interaction*, 6th ed. Belmont, CA: Wadsworth (Thomson Learning).
ナップ，M. L.（牧野成一・牧野泰子訳，1979）『人間関係における非言語情報伝達』東海大学出版会〈本書の初版の日本語版〉
非言語コミュニケーションの研究や理論について幅広く展望しているよくできた教科書である。各種のトピックの優れた入門書でもある。非言語コミュニケーションの多くの教科書同様に、個々の章では要素的手がかりや行動を取り上げるチャネル・アプローチを取っている。

Manusov, V., & Patterson, M. L. (Eds.) (2006). *The Sage handbook of nonverbal communication*. Thousand Oaks, CA: Sage Publications.
非言語コミュニケーションの研究や理論についての包括的な展望をしている。非言語コミュニケーションの要因、機能、応用分野それぞれの専門家による 26 章構成である。

Marsh, P. (Ed.) (1991). *Eye to eye: How people interact*. Boston, MA: Salem House Publishers.
対人行動の興味深い、基礎的な入門書である。非言語コミュニケーションについての世界中の専門家が執筆した 37 のトピックを扱っている。随所にスナップ写真や詳細なイラストがたくさん盛り込まれており、非言語コミュニケーションの活き活きとした実例が紹介されている。

Parkinson, B. (2005). Do facial movements express emotions or communicate motives? *Personality and Social Psychology Review*, **9**, 278-311.
本書の第 5 章で述べた基本的な論点に関連する研究を批判的に概観している。特に、顔の表情は主として情動や意図を持ってなされるのかどうかを問題にしている。ここで示されている見解は、正否両方である。しかし、表情はただ情動状態を表す以上のものであることは明らかである。

Patterson, M. L. (2006). The evolution of theories of interactive behavior. In V. Manusov & M. L. Patterson (Eds.), *The Sage handbook of non-verbal communication* (pp. 21-39). Thousand Oaks, CA: Sage Publications.
1960 年代半ばの相互作用行動の理論の発展から今日の相互作用に

1-40). San Diego, CA: Academic Press.

この章は、社会的知覚と社会的行動を自動的に結ぶことについての学術的な研究を検討している。すなわち、いかなる意識覚醒もなく、他人の外見と社会的行動を単に知覚するだけで、行動を引き起こすのに十分なのである。このようなことの多くは、行動模倣の例を含めて非言語コミュニケーションとともに生じる。

Fridlund, A. J. (1994). *Human facial expression: An evolutionary view*. San Diego, CA: Academic Press.

顔の表情の研究や理論の発展ぶりをたどったものである。フリッドランドは、顔の表情についてのダーウィンの理論について興味深い、批判的検討を行っている。そして、現代の学者たちはいかに間違った解釈をしてきたかを述べている。最も重要なことは、フリッドランドは、顔の表情が情動状態を伝達するという一般に流布している見方とは異なる、顔の表情に関する新しい行動生態学を提唱している。

Goffman, E. (1963). *Behavior in public places*. New York: Free Press.

ゴッフマン，E.（丸木恵祐・本名信行訳，1980）『集まりの構造』誠信書房

ゴッフマンによる数冊の著書の一冊で、人が社会的場面に関わっていく「行為」について深く考察している。ゴッフマンの演技的アプローチは、日常的な行動の成り立ちや、決まっていく過程における役割と状況の持つ影響力を強調している。本書で取り上げられている多くの事例は、公的場面における個々人のアイデンティティ形成や意図を伝える際の非言語コミュニケーションの有用性を示している。

Hall, E. T. (1966). *The hidden dimension*. New York: Doubleday.

ホール，E. T.（日高敏隆・佐藤信行訳，1970）『かくれた次元』みすず書房

研究者だけではなく、一般市民にも社会的相互作用場面における空間の重要性に気づかせることになった古典の一つである。ホールは、空間をどう用いるのか、空間をどう解釈するのかについての文化差をもっぱら論ずることに焦点を合わせている。

文献解題

Bargh, J. A., & Williams, E. L. (2006). The automaticity of social life. *Current Directions in Psychological Science*, **15**, 1-4.

日常生活に見られる自動的に生じる過程の広汎な性質について概観されている。その多くは、ふだん意識していないところでよくなされている社会的判断や行動を行う際になされるコミュニケーションの非言語システム内で働いている。この自動過程は、人々の社会生活を管理する適応的で高度に有効な方法である。

Bugeja, M. (2005). *Interpersonal divide: The search for community in a technological age*. New York: Oxford University Press.

デジタル時代の工学技術の進歩は、遠隔地間のコミュニケーションに新しい、強力な方法を提供してくれた。しかし、この進歩は、対人関係や対人的な連帯感を保つのにコストがかかるように仕向けてきたようである。この著書は工学技術の進歩が社会行動にどのような影響を与えているのかについて述べている。

Cialdini, R. B. (2009). *Influence: Science and practice* (5th ed.). Boston, MA: Pearson/ Allyn & Bacon.

チャルディーニ，R. B.（社会行動研究会訳，2007）『影響力の武器［第二版］——なぜ、人は動かされるのか』誠信書房〈原著4版を翻訳〉

膨大な学術的な研究を踏まえて、対人的な影響についてとても興味深い議論を展開している。チャルディーニは、言語、非言語コミュニケーションの面で発揮される影響に通じる６種類の原理を特定している。ここで取り上げられている広汎な事例は、日常場面においてこの原理の有効性をよく示している。

Dijkersterhuis, A., & Bargh, J. A. (2001). The perception-behavior express-way: Automatic effects of social perception on social behavior. In M. P. Zanna (Ed.), *Advances in experimental social psychology* (Vol. **33**, pp.

Lakin, J. L., Jefferis, V. E., Cheng, C. M., & Chartrand, T. L. (2003). The chameleon effect as social glue: Evidence for the evolutionary significance of nonconscious mimicry. *Journal of Nonverbal Behavior, 27*, 145-162.

Patterson, M. L. (2001). Toward a comprehensive model of nonverbal communication. In W. P. Robinson & H. Giles (Eds.), *The new handbook of language and social psychology* (pp 159-176). Chichester, UK: Wiley & Sons.

Patterson, M. L. (2006). The evolution of theories of interactive behavior. In V. Manusov & M. L. Patterson(Eds.), *The Sage handbook of nonverbal communication* (pp. 21-39). Thousand Oaks, CA: Sage Publications.

Patterson, M. L. (2009, February). *A parallel process model of dyadic nonverbal interaction.* Poster presented at the annual meeting of the Society of Personality and Social Psychology, Tampa, FL.

Patterson, M. L., & Stockbridge, E. (1998). Effects of cognitive demand and judgment strategy on person perception accuracy. *Journal of Nonverbal Behavior, 22*, 253-263.

Rizzolatti, G., & Craighero, L. (2004). The mirror-neuron system. *Annual Review of Neuroscience*, 27, 169-192.

Wicker, A. W. (1979). *An introduction to ecological psychology*. Belmont, CA: Wadsworth.

Zebrowitz, L. A., & Collins, M. A. (1997). Accurate social perception at zero acquaintance: The affordances of a Gibsonian approach. *Personality and Social Psychology Review, 1*, 204-223.

displays, viewers' emotions, and political support. *American Journal of Political Science, 32*, 345-368.

Vinciguerra, T. (2009, July 26). The lab coat is on the hook in the fight against germs. *NY Times.com.*

◆第 10 章

Ambady, N., Bernieri, F. J., & Richeson, J. A. (2000). Toward a histology of social behavior: Judgmental accuracy from thin slices of the behavioral stream. In M. P. Zanna (Ed.), *Advances in experimental social psychology* (Vol. 32, 201- 271). San Diego, CA: Academic Press.

Bargh, J. A. (1997). The automaticity of everyday life. In R. S. Wyer, Jr. (Ed.), *Advances in social cognition* (Vol. 10, pp. 1-61). Mahwah, NJ: Lawrence Erlbaum Associates.

Bargh, J. A., Chen, M., & Burrows, L. (1996). Automaticity of social behavior: Direct effects of trait construct and stereotype activation on action. *Journal of Personality and Social Psychology, 71*, 230-244.

Bargh, J. A., & Williams, E. L. (2006). The automaticity of social life. *Current Directions in Psychological Science, 15*, 1-4.

Bem, D. J. (1972). Self-perception theory. In L. Berkowitz (Ed.), *Advances in experimental social psychology* (vol. 6, pp. 1-62). New York: Academic Press.

Berger, C. B. (1997). *Planning strategic interaction.* (chap. 2). Mahwah, NJ: Erlbaum.

Chartrand, T. L., & Bargh, J. A. (1999). The chameleon effect: The perception-behavior link and social interaction. *Journal of Personality and Social Psychology, 76*, 893-910.

Dijksterhuis, A., & Bargh, J. A. (2001). The perception-behavior expressway: Automatic effects of social perception on social behavior. In M. P. Zanna (Ed.), *Advances in experimental social psychology* (Vol. 33, pp. 1-46) San Diego, CA: Academic Press.

Fiske, S. T. (1992). Thinking is for doing: Portraits of social cognition from daguerreotype to laserphoto. *Journal of Personality and Social Psychology, 63*, 877889.

Fridlund, A. J. (1994). *Human facial expression: An evolutionary view.* San Diego, CA: Academic Press.

Stel, M., van Dijk, E, & Olivier, E. (2009). You want to know the truth? Then don't mimic! *Psychological Science, 20*, 693-699.

Stewart, D. J., & Patterson, M. L. (1973). Eliciting effects of verbal and nonverbal cues on projective test responses. *Journal of Consulting and Clinical Psychology, 41*, 74-77.

Vrij, A. (2006). Nonverbal communication and deception. In V. Manusov & M. L. Patterson (Eds.), *The Sage handbook of nonverbal communication* (pp. 341-359). Thousand Oaks, CA: Sage Publications.

◆第 9 章

Ambrose, S. E. (1988). *Nixon: The education of a politician 1913-1962.* New York: Simon & Schuster.

Daly, J. A., & Wiemann, J. M. (Eds.), *Strategic interpersonal communication.* Hillsdale, NJ: Lawrence Erlbaum Associates.

Druckman, J. N. (2003). The power of televised images: The first Kennedy-Nixon debate revisited. *The Journal of Politics, 65*, 559-571.

Gallup, G., Jr. (1960) *The Gallup poll: Election polls 1960*, Sept. 25.

Gallup, G., Jr. (1960) *The Gallup poll: Election polls 1960*, Oct. 12.

Goffman, E. (1959). *The presentation of self in everyday life.* New York: Doubleday.

Goffman, E. (1963). *Behavior in public places.* New York: Free Press.

Goffman, E. (1971). *Relations in public.* New York: Harper Colophon.

Keating, C. F. (2006). Why and how the silent self speaks volumes. In V. Manusov & M. L. Patterson (Eds.), *The Sage handbook of nonverbal communication* (pp. 321-339). Thousand Oaks, CA: Sage Publications.

Kraus, S. (1996). Winners of the first 1960 televised debate between Kennedy and Nixon. *Journal of Communication, 46*, 78-96.

Patterson, M. L. (1987). Presentational and affect-management functions of nonverbal involvement. *Journal of Nonverbal Behavior, 11*, 110-122.

Patterson, M. L., Churchill, M. E., Burger, G. K., & Powell, J. L. (1992). Verbal and nonverbal modality effects on impressions of political candidates: Analysis from the 1984 presidential debates. *Communication Monographs, 59*, 231-241.

Sullivan, D. G., & Masters, R. D. (1988). Happy warriors: Leaders' facial

and dominance in human relationships. In V. Manusov & M. L. Patterson (Eds.), *The Sage handbook of nonverbal communication* (pp. 279-297). Thousand Oaks, CA: Sage Publications.

Cialdini, R. B. (2009). *Influence: Science and practice* (5th ed.). Boston: Pearson/Allyn & Bacon.

DePaulo, B. M., Lindsay, J. L., Malone, B. E., Muhlenbruck, L., Charlton, K., & Cooper, H. (2003). Cues to deception. *Psychological Bulletin, 129*, 74-118.

Dovidio, J. F., & Ellyson, S. L. (1985). Visual dominance behavior in humans. In S. L.Ellyson & J. F. Dovidio (Eds.), *Power, dominance, and nonverbal behavior* (pp. 129-149). New York: Springer-Verlag.

Ekman, P. (1985). *Telling lies: Clues to deception in the marketplace, politics, and marriage*. New York: Norton.

Ekman. P., & O'Sullivan, M. (1991). Who can catch a liar? *American Psychologist, 46*, 913-920.

Kleinke, C. L. (1977). Compliance to requests made by gazing and touching experimenters in field settings. *Journal of Experimental Social Psychology, 13*, 218-233.

Kleinke, C. L. (1980). Interaction between gaze and legitimacy of request on compliance in a field setting. *Journal of Nonverbal Behavior, 5*, 3-12.

Kraus, M. W., & Keltner, D. (2009). Signs of socioeconomic status: A thin-slicing approach. *Psychological Science, 20*, 99-106.

Lakin, J. L., Chartrand, T. L., & Arkin, R. M. (2008). I am too just like you: Nonconscious mimicry as an automatic behavioral response to social exclusion. *Psychological Science, 19*, 816-822.

Leal, S., & Vrij, A. (2008). Blinking during and after lying. *Journal of Nonverbal Behavior, 32*, 187-194.

Patterson, M. L. (1983). *Nonverbal behavior: A functional perspective* (chap. 4). New York: Springer-Verlag.

Patterson, M. L., Powell, J. L., & Lenihan, M. G. (1986). Touch, compliance, and interpersonal affect. *Journal of Nonverbal Behavior, 10*, 41-50.

Petty, R. E., & Cacioppo, J. T. (1986). The elaboration likelihood model of persuasion. In L. Berkowitz (Ed.), *Advances in experimental social psychology* (Vol. 19, pp. 123-205). New York: Academic Press.

Fridlund, A. J. (1994). *Human facial expression: An evolutionary view*. San Diego, CA: Academic Press.

Langlois, J. H., Kalakanis, L., Rubenstein, A. J., Larson, A., Hallam, M., Smoot, M. (2000). Maxims or myths of beauty? A meta-analytic and theoretical review. *Psychological Bulletin, 126*, 390-423.

Langlois, J. H., & Roggman, L. A. (1990). Attractive faces are only average. *Psychological Science, 1*, 115-121.

Marsh, P. (1988). Reacting to scent. In P. Marsh (Ed.), *Eye to eye: How people interact*. (pp. 68-71). Boston, MA: Salem House Publishers.

McAdams, D. P., & Powers, J. (1981). Themes of intimacy in behavior and thought. *Journal of Personality and Social Psychology, 40*, 573-587.

Noller, P. (2006). Nonverbal communication in close relationships. In V. Manusov & M.L. Patterson (Eds.), *The Sage handbook of nonverbal communication* (pp. 403-420). Thousand Oaks, CA: Sage Publications.

Pennebaker, J. W., Dyer, M. A., Caulkins, R. S., Litowitz, D. L., Ackreman, P. L.,Anderson, D. B., & McGraw, K. M. (1979). Don't the girls get prettier at closing time: A country and western application to psychology. *Personality and Social Bulletin, 5*, 122-125.

Singh, D. (1993). Adaptive significance of female physical attractiveness: Role of waist-to-hip ratio. *Journal of Personality and Social Psychology, 65*, 293-307.

Tickle-Degnen, L. (2006). Nonverbal behavior and its functions in the ecosystem of rapport. In V. Manusov & M. L. Patterson (Eds.), *The Sage handbook of nonverbal communication* (pp. 381-399). Thousand Oaks, CA: Sage Publications.

Tickle-Degnen, L., & Rosenthal, R. (1990). The nature of rapport and its nonverbal correlates. *Psychological Inquiry, 1*, 285-293.

Walter, C. (2008). Affair of the lips. *Scientific American Mind, 19*, 24-29.

◆第8章

Berry, D. S., & McArthur, L. Z. (1986). Perceiving character in faces: The impact of age-related craniofacial changes on social perception. *Psychological Bulletin, 100*, 3-18.

Burgoon, J. K., & Dunbar, N. E. (2006). Nonverbal expressions of power

and Social Psychology Bulletin, *5*, 100-103.

Patterson, M. L., & Tubbs, M. E. (2005). Through a glass darkly: Effects of smiling and visibility on recognition and avoidance in passing encounters. *Western Journal of Communication*, *69*, 219-231.

Patterson, M. L., Webb, A., & Schwartz, W. (2002). Passing encounters: Patterns of recognition and avoidance in pedestrians. *Basic and Applied Social Psychology*, *24*, 57-66.

Wilson, T. D. (2002). *Strangers to ourselves: Discovering the adaptive unconscious.* Cambridge, MA: Harvard University Press.

Wilson, T. D., Lindsey, S., & Schooler, T. Y. (2000). A model of dual attitudes. *Psychological Review*, *107*, 101-126.

Zuckerman, M., Miserandino, M. Bernieri, F. J. (1983). Civil inattention exists – in elevators. *Personality and Social Psychology Bulletin*, *9*, 578-586.

◆第7章

Andersen. P. A., Guerrero, L. K., & Jones, S. A., (2006). Nonverbal behavior in intimate interactions and intimate relationships. In V. Manusov & M. L. Patterson (Eds.), *The Sage handbook of nonverbal communication* (pp. 259-277). Thousand Oaks, CA: Sage Publications.

Bailenson, J. N., & Yee, N. (2005). Digital chameleons: Automatic assimilation of nonverbal gestures in immersive virtual environments. *Psychological Science*, *16*, 814-819.

Bargh, J. A. (1997). The automaticity of everyday life. In R. S. Wyer, Jr. (Ed.), *Advances in social cognition* (Vol. 10, pp. 1-61). Mahwah, NJ: Lawrence Erlbaum Associates.

Bargh, J. A., & Williams, E. L. (2006). The automaticity of social life. *Current Directions in Psychological Science*, *15*, 1-4.

Bem, D. J. (1972). Self-perception theory. In L. Berkowitz (Ed.), *Advances in experimental social psychology* (vol. 6, pp. 1-62). New York: Academic Press.

Floyd, K. (2006). An evolutionary approach to understanding nonverbal communication. In V. Manusov & M. L. Patterson (Eds.), *The Sage handbook of nonverbal communication* (pp. 139-157). Thousand Oaks, CA: Sage Publications.

Duncan, S. D., Jr., & Fiske, D. W. (1977). *Face-to-face interaction: Research, methods, and theory*. Hillsdale, NJ: Erlbaum.

Duncan, S. D., Jr., & Niederehe, G. (1974). On signaling that it's your turn to speak. *Journal of Experimental Social Psychology, 10*, 234-254.

Eibl-Eibesfeldt, I. (1989). *Human ethology*. New York: Aldine de Gruyter.

Ellsworth, P. C., Carlsmith, J. M., & Henson, A. (1972). The stare as a stimulus to flight in human subjects: A series of field experiments. *Journal of Personality and Social Psychology, 21*, 302-311.

Elman, D., Schulte, D. C, & Bukoff, A. (1977). Effects of facial expression and stare duration on walking speed: Two field experiments. *Environmental Psychology and Nonverbal Behavior, 2*, 93-99.

Felipe, N., & Sommer, R. (1966). Invasion of personal space. *Social Problems, 14*, 206-214.

Fisher, J. D., & Byrne, D. (1975). Too close for comfort: Sex differences in response to invasions of personal space. *Journal of Personality and Social Psychology,32*, 15-21

Goffman, E. (1959). *The presentation of self in everyday life*. New York: Doubleday.

Goffman, E. (1971). *Relations in public*. New York: Harper Colophon.

Krauss, R. M. (1998). Why do we gesture when we speak? *Current Directions in Psychological Science, 7*, 54-60

Lebra, T. S. (1976). *The Japanese pattern of behavior*. Honolulu: University of Hawaii Press.

McNeill, D. (1985). So you think that gestures are nonverbal? *Psychological Review, 92*, 350-371.

Patterson, M. L. (2008). Back to social behavior: Mining the mundane. *Basic and Applied Social Psychology, 30*, 93-101.

Patterson, M. L., Iizuka, Y., Tubbs, M., Ansel, J., Tsutsumi, M., & Anson, J (2007). Passing encounters East and West: Comparing Japanese and American pedestrian interactions. *Journal of Nonverbal Behavior, 31*, 155-166.

Patterson, M. L., Mullens, S, & Romano, J. (1971). Compensatory reactions to spatial intrusion. *Sociometry, 34*, 114-121.

Patterson, M. L., Roth, C. P., & Schenk, C. (1979). Seating arrangement, activity, and sex differences in small group crowding. *Personality*

cate motives? *Personality and Social Psychology Review, 9*, 278-311.

Patterson, M. L., & Ritts, V. (1997) Social and communicative anxiety: A review and meta-analysis. In B. R. Burleson (Eds.), *Communication Yearbook 20* (pp. 262-303). Thousand Oaks, CA: Sage Publications.

Patterson, M. L., Tubbs, M. E., Carrier, G, & Barber, L. K. (2009). Temporal patterns of accuracy confidence in social judgments: A new method and initial results. *Journal of Nonverbal Behavior, 33*, 239-249.

Singh, D. (1993). Adaptive significance of female physical attractiveness: Role of waist-to-hip ratio. *Journal of Personality and Social Psychology, 65*, 293-307.

Singh, D. (1993). Female judgment of male attractiveness and desirability for relationships: Role of waist-to-hip ratio and financial status. *Journal of Personality and Social Psychology, 69*, 1089-1101.

Strack, F., Martin, L. L., & Stepper, S. (1988). Inhibiting and facilitating conditions of the human smile: An unobtrusive test of the facial feedback hypothesis. *Journal of Personality and Social Psychology, 54*, 768-777.

◆第6章

Boomer, D. S. (1978). The phonemic clause: Speech unit in human communication. In A. W. Siegman & S. Feldstein (Eds.), *Nonverbal behavior and communication* (pp. 245-262). Hillsdale, NJ: Erlbaum.

Cary, M. S. (1978). Does civil inattention exist in pedestrian passing? *Journal of Personality and Social Psychology, 36*, 1185-1193.

Ciolek, T. M. (1978). Spatial arrangements in social encounters: An attempt at a taxonomy. *Man-Environment Systems, 8*, 52-59.

Ciolek, T. M., & Kendon, A. (1980). Environment and the spatial arrangements of conversational encounters. *Sociological Inquiry, 50*, 237-271.

Dovidio, J. F., & Ellyson, S. L. (1985). Visual dominance behavior in humans. In S. L. & J. F. Dovidio (Eds.), *Power, dominance, and nonverbal behavior* (pp. 129-149). New York: Springer-Verlag.

Duncan, S. D., Jr. (1972). Some signals and rules for taking speaking turns in conversations. *Journal of Personality and Social Psychology, 23*, 283-292.

(pp. 207-283). Lincoln, NE: Nebraska University Press.

Ekman, P. (1993). Facial expression and emotion. *American Psychologist, 48*, 384-392.

Ekman, P., & Friesen, W. V. (1975). *Unmasking the face: A guide to recognizing emotions from facial clues.* Englewood Cliffs, NJ: Prentice Hall.

Floyd, K. (2006). An evolutionary approach to understanding nonverbal communication.In V. Manusov & M. L. Patterson (Eds.), *The Sage handbook of nonverbal communication* (pp. 139-157). Thousand Oaks, CA: Sage Publications.

Fridlund, A. J. (1994). *Human facial expression: An evolutionary view.* San Diego, CA: Academic Press.

Gilbert, D. T. (1991). How mental systems believe. *American Psychologist, 46*, 107-119.

James, W. (1983). *The principles of psychology.* Cambridge, MA: Harvard University Press. Original work published 1890.

Johansson, G. (1973). Visual perception of biological motion and a model for its analysis. *Perception and Psychophysics, 14*, 201-211.

Jones, E. E., & Davis, K. E. (1965). From acts to dispositions: The attribution process in person perception. In L. Berkowitz (Ed.), *Advances in experimental social psychology* (vol. 2, pp. 219-266). New York: Academic Press.

Kelley, H. H. (1973). The process of causal attribution. *American Psychologist, 28*, 107-128.

Langlois, J. H., Kalakanis, L., Rubenstein, A. J., Larson, A., Hallam, M., Smoot, M. (2000). Maxims or myths of beauty? A meta-analytic and theoretical review. *Psychological Bulletin, 126*, 390-423.

Langlois, J. H., & Roggman, L. A. (1990). Attractive faces are only average. *Psychological Science, 1*, 115-121.

Langlois, J. H., Roggman, L. A., Casy, R. J., Ritter, J. M., Rieser-Danner, L. A., & Jenkins, V. Y. (1987). Infant preferences for attractive faces: Rudiments of a stereotype? *Developmental Psychology, 23*, 363-369.

Maner, J. K., DeWall, C. N., & Gailliot, M. T. (2008). Selective attention to signs of success: Social dominance and early stage interpersonal perception. *Personality and Social Psychology Bulletin, 34*, 488-501.

Parkinson, B. (2005). Do facial movements express emotions or communi-

Personality and Social Psychology, 30, 526-537.

Thornhill, R., & Moller, A. P. (1997). Developmental stability, disease and medicine. *Biological Reviews, 72*, 497-548.

Van Baaren, R. B., Horgan, T. G., Chartrand, T. L., & Dijkmans, M. (2004). The forest, the trees, and the chameleon: Context dependency and mimicry. *Journal of Personality and Social Psychology, 86*, 453-459.

Zebrowitz, L. A. (1997). *Reading faces: Window to the soul?* (pp. 107-115). Boulder, CO; Westview Press.

◆第 5 章

Ambady, N., Bernieri, F. J., & Richeson, J. A. (2000). Toward a histology of social behavior: Judgmental accuracy from thin slices of the behavioral stream. In M. P. Zanna (Ed.), *Advances in experimental social psychology* (Vol. 32, 201-271). San Diego, CA: Academic Press.

Ambady, N., Hallahan, M., & Connor, B. (1999). Accuracy of judgments of sexual orientation from thin slices of behavior. *Journal of Personality and Social Psychology, 77*, 538-547.

Ambady, N., & Rosenthal, R. (1992). Thin slices of behavior as predictors of interpersonal consequences: A meta-analysis. *Psychological Bulletin, 111*, 256-274.

Barclay, C. D., Cutting, J. E., & Kozlowski, L. T. (1978). Temporal and spatial factors in gait perception that influences gender recognition. *Perception and Psychophysics, 23*, 145-152.

Bem, D. J. (1972). Self-perception theory. In L. Berkowitz (Ed.), *Advances in experimental social psychology* (vol. 6, pp. 1-62). New York: Academic Press.

Berry, D. S., & Zebrowitz-McArthur, L. (1988). What's in a face? Facial maturity and the attribution of legal responsibility. *Personality and Social Psychology Bulletin,14*, 23-33.

Cunningham, M. R., Barbee, A. R., & Pike, C. L. (1990). What do women want? Facialmetric assessments of multiple motives in the perception of male facial physical attractiveness. *Journal of Personality and Social Psychology, 59*, 61-72.

Ekman, P. (1972). Universals and cultural differences in facial expression of emotion. In J. R. Cole (Ed.), *Nebraska symposium on motivation, 1971* insights on men, women, and interpersonal touch. *Journal of Personality and Social Psychology, 59*, 1155-1162.

Hatfield, E., Cacioppo, J., & Rapson, R. L. (1994). *Social contagion*. Cambridge, UK: Cambridge University Press.

Hofstede, G. H. (1980). *Cultures' consequences: International differences in work-related values*. Beverly Hills, CA: Sage Publications.

Hofstede, G. H. (2001). *Cultures' consequences: Comparing values, behaviors and institutions across cultures* (2nd ed.) Thousand Oaks, CA: Sage Publications.

Hughes, S. M., Pastizzo, M. J., Gallup, G.G., Jr. (2008) The sound of symmetry revisited: Subjective and objective analyses of voice. *Journal of Nonverbal Behavior, 32*, 93-108.

Jones, E. E., & Davis, K. E. (1965). From acts to dispositions: The attribution process in person perception. In L. Berkowitz (Ed.), *Advances in experimental social psychology* (Vol. 2, pp. 219-266). New York: Academic Press.

Lippa, R. (1976). Expressive control and the leakage of dispositional introversion-extraversion during role-played teaching. *Journal of Personality, 44*, 541-549.

Matsumoto, D. (2006) Culture and nonverbal behavior. In V. Manusov & M. L. Patterson (Eds.), *The Sage handbook of nonverbal communication* (pp. 219-235). Thousand Oaks, CA: Sage Publications.

Patterson, M. L. (1983). *Nonverbal behavior: A functional perspective* (chap. 8). New York: Springer-Verlag.

Patterson, M. L., & Ritts, V. (1997). Social and communicative anxiety: A review and meta-analysis. In B. R. Burleson (Ed.), *Communication Yearbook 20* (pp. 263-303). Thousand Oaks, CA: Sage Publications.

Schofield, T. J., Parke, R. D., Casteneda, E. K., & Coltrane, S. (2008) Patterns of gaze between parents and children in European American and Mexican American families. *Journal of Nonverbal Behavior, 32*, 171-186.

Singh, D. (1993). Adaptive significance of waist-to-hip ratio and female physical attractiveness. *Journal of Personality and Social Psychology, 65*, 293-307.

Snyder, M. (1974). Self-monitoring of expressive behavior. *Journal of*

communication. In K. Dindia & D. J. Canary (Eds.). *Sex differences and similarities in communication* (pp. 117-135). Mahwah, NJ: Erlbaum.

Andersen, P. A. (2008). *Nonverbal communication: Forms and functions* (2nd ed., chap. 4). Long Grove, IL: Waveland Press.

Berry, D. S., & McArthur. L. Z. (1985). Some components and consequences of a babyface. *Journal of Personality and Social Psychology, 48*, 312-323.

Cunningham, M. R., Barbee, A. R., & Pike, C. L. (1990). What do women want? Facialmetric assessments of multiple motives in the perception of male facial physical attractiveness. *Journal of Personality and Social Psychology, 59*, 61-72.

Darwin, C. (1859). *On the origin of species.* London: Murray.

Ekman, P. (1972). Universals and cultural differences in facial expression of emotion. In J. R. Cole (Ed.), *Nebraska symposium on motivation, 1971* (pp. 207-283). Lincoln, NE: Nebraska University Press.

Ekman, P., & Friesen (1969). The repertoire of nonverbal behavior: Categories, origins, usage, and coding. *Semiotica, 1*, 49-98.

Fernandez, I., Carrera, P., Sanchez, F., Paez, D., & Canida, L. (2002). Differences between cultures in emotional verbal and nonverbal reactions. *Psicothema, 12*, 83-92.

Floyd, K. (2006). An evolutionary approach to understanding nonverbal communication. In V. Manusov & M. L. Patterson(Eds.), *The Sage handbook of nonverbal communication* (pp. 139-157). Thousand Oaks, CA: Sage Publications.

Hall, E. T. (1959). *The silent language.* Garden City, NY: Doubleday

Hall, E. T. (1966). *The hidden dimension.* Garden City, NY: Doubleday.

Hall, E. T. (1976). *Beyond culture.* Garden City, NY: Anchor Books.

Hall, J. A. (1984). *Nonverbal sex differences: Communication accuracy and expressive style.* Baltimore, MD: The Johns Hopkins University Press.

Hall, J. A. (2006). Women's and men's nonverbal communication. In V. Manusov & M. L. Patterson (Eds.), *The Sage handbook of nonverbal communication* (pp. 201-218). Thousand Oaks, CA: Sage Publications.

Hall, J. A., & Veccia, E.M. (1990). More "touching" observations: New

Gosling, S. (2008). *Snoop: What your stuff says about you.* New York: Basic Books.

Heslin, R., & Boss, D. (1980). Nonverbal intimacy in airport arrival and departure. *Personality and Social Psychology Bulletin, 6*, 248-252.

Hess, E. H. (1975). The role of pupil size in communication. *Scientific American, 233*, 110-119.

Jones, S. E. (1994). *The right touch: Understanding and using the language of physical contact.* Cresshill, NJ: Hampton

Krauss, R. M. (1998). Why do we gesture when we speak? *Current Directions in Psychological Science, 7*, 54-60

McNeill, D. (1985). So you think that gestures are nonverbal? *Psychological Review, 92*, 350-371.

Patterson, M. L. (1975). Personal space: Time to burst the bubble? *Man-environment Systems, 5*, 67.

Patterson, M. L. (1976). An arousal model of interpersonal intimacy. *Psychological Review, 83*, 235-245.

Patterson, M. L. (1982). A sequential functional model of nonverbal exchange. *Psychological Review, 89*, 231-249.

Patterson, M. L. (1983). *Nonverbal behavior: A functional perspective.* New York: Springer-Verlag.

Pell, M. D., Monetta, L., Paulmann, S., & Kotz, S. A. (2009). Recognizing emotions in a foreign language. *Journal of Nonverbal Behavior, 33*, 107-120.

Sommer, R. (1965). Further studies in small group ecology. *Sociometry, 28*, 337-348.

Waxer, P. H. (1977). Nonverbal cues for anxiety: An examination of emotional leakage. *Journal of Abnormal Psychology, 86*, 306-314.

Zhou, W., & Chen, D. (2009). Sociochemosensory and emotional functions. *Psychological Science, 20*, 1118-1124.

Zuckerman, M., Hodgins, H., & Miyake, K. (1990). The vocal attractiveness stereotype: Replication and elaboration. *Journal of Nonverbal Behavior, 14*, 97-112.

◆第 4 章

Andersen, P. A. (2006). The evolution of biological sex differences in

Springer-Verlag.

Patterson, M. L., Mullens, S, & Romano, J. (1971). Compensatory reactions to spatial intrusion. *Sociometry, 34*, 114-121.

Patterson, M. L., Webb, A., & Schwartz, W. (2002). Passing encounters: Patterns of recognition and avoidance in pedestrians. *Basic and Applied Social Psychology, 24*, 57-66.

Snyder, M. (1974). Self-monitoring of expressive behavior. *Journal of Personality and Social Psychology, 30*, 526-537.

Webb, E. J., Campbell, D. T., Schwartz, R. D., & Sechrest, L. (1966). *Unobtrusive measures: Nonreactive research in the social sciences.* Chicago: Rand McNally.

Wilson, T. D. (2002). *Strangers to ourselves: Discovering the adaptive unconscious.* Cambridge, MA: Belknap Press.

◆第 3 章

Baron, R. A., & Thomley, J. (1994). A whiff of reality: Positive affect as a potential mediator of pleasant fragrances on task performances and helping. *Environment and Behavior, 26*, 766-784.

Burgoon, J. K., & Dunbar, N. E. (2006). Nonverbal expression of dominance and power in human relationships. In V. Manusov & M. L. Patterson (Eds.), *The Sage handbook of nonverbal communication* (pp. 279-297). Thousand Oaks, CA: Sage Publications.

Ekman, P., & Friesen, W. V. (1969). The repertoire of nonverbal behavior: Categories, origins, usage and codings. *Semiotica, 1*, 49-97.

Ekman, P., & Friesen, W. V. (1975). *Unmasking the face: A guide to recognizing emotions from facial clues.* Englewood Cliffs, NJ: Prentice Hall.

Ekman, P., Friesen, W. V., & Ancoli, S. (1980). Facial signs of emotional experience. *Journal of Personality and Social Psychology, 39*, 1125-1134.

Ellsworth, P. C., & Langer, E. J. (1976). Staring and approach: An interpretation of the stare as a nonspecific activator. *Journal of Personality and Social Psychology, 33*, 117-122.

Fridlund, A. J. (1994). *Human facial expression: An evolutionary view.* San Diego, CA: Academic Press.

Gilbert, D. T. (1991). How mental systems believe. *American Psychologist, 46*, 107-119.

文　献

◆第 1 章

Bargh, J. A., & Williams, E. L. (2006). The automaticity of social life. *Current Directions in Psychological Science, 15*, 1-4

Gilbert, D. T. (1991). How mental systems believe. *American Psychologist, 46*, 107-119.

Hickok, G., Bellugi, U., & Klima, E. S. (2001). Sign language in the brain. *Scientific American, 284,* 58-65.

Patterson, M. L. (2001). Toward a comprehensive model of nonverbal communication. In W. P. Robinson & H. Giles (Eds.), *The new handbook of language and social psychology* (pp. 159-176). Chichester, UK: Wiley.

Patterson, M. L. (2002). Psychology of nonverbal communication and social interaction. In *Encyclopedia of life support systems (EOLSS), Psychology*. Oxford, UK: [http://www.eolss.net].

◆第 2 章

Crano, W. D., & Brewer, M. B. (2002). *Principles and methods of social research* (2nd ed.). Boston: Allyn and Bacon.

Doyle, A. C. (2003). *The complete Sherlock Holmes* (vol. 2). New York: Barnes & Noble Classics.

Hall, E. T. (1966). *The hidden dimension*. Garden City, NY: Doubleday.

Heslin, R., & Patterson, M. L. (1982). *Nonverbal behavior and social psychology* (chap. 1). New York: Plenum.

Manusov, V. (Ed.) (2005). *The sourcebook of nonverbal measures: Going beyond words*. Mahwah, NJ: Erlbaum.

Moseley, J. B., O'Malley, K., Petersen, N. J., Menke, T. J., Brody, B. A., Kuykendall, D.H., Hollingsworth, J. C., Ashton, C. M., & Wray, N. P. (2002). A controlled trial of arthroscopic surgery for osteoarthritis of the knee. *The New England Journal of Medicine, 347*, 81-88.

Patterson, M. L. (1983). *Nonverbal behavior: A functional perspective.* New York:

■原著者紹介

原著者、マイルズ・L. パターソンは、ミズーリ大学セントルイス校の心理学部教授（2012年秋からは功労教授）であり、非言語コミュニケーションの世界的な研究者でもある。

パターソンは2冊の書を著しており、また、非言語コミュニケーションの理論、研究についての包括的な展望論文集である *Sage Handbook of Nonverbal Communication*（2006年刊）の共編者でもある。さらに、心理学やコミュニケーションについても、数多くの権威あるハンドブックや百科事典を含む、90以上に及ぶ書籍の分担執筆、研究論文を執筆している。

長年にわたり、彼の研究は、米国国立精神保健研究所による研究費補助を受けて実施された。彼の論文は多くの研究者によく引用されており、非言語コミュニケーションの複雑な過程に新たな洞察を提供している。

パターソンは、*Journal of Nonverbal Behavior* の編集長を1986年から1992年まで務め、さらに幾冊かの心理学やコミュニケーション、社会学の研究雑誌の編集委員を務めてきた。また、2009年には、ミズーリ大学の研究および創造性についての学長賞を授与されている。この賞は、四つの大学キャンパスのなかから一人だけに与えられる名誉ある賞である。

パターソンは、米国心理学会（APA）、心理科学学会（APS）、実験社会心理学会（SESP）の評議員でもある。

■訳者紹介（50音順）

飯塚雄一（いいづか　ゆういち）

担当章　第2章，第6章

2005年　広島大学大学院教育学研究科博士課程修了，博士（心理学）

現　在　島根県立大学名誉教授

木村昌紀（きむら　まさのり）

担当章　第3章，第4章，第5章，第10章

2007年　大阪大学大学院人間科学研究科博士後期課程修了，博士（人間科学）

現　在　神戸女学院大学人間科学部准教授

大坊郁夫（だいぼう　いくお）

担当章　日本語版に寄せて，まえがき，第1章，文献解題

〈監訳者紹介参照〉

横山ひとみ（よこやま　ひとみ）

担当章　第7章，第8章，第9章

2012年　大阪大学大学院人間科学研究科博士後期課程修了，博士（人間科学）

現　在　岡山理科大学経営学部准教授

■監訳者紹介

大坊郁夫（だいぼう　いくお）

1947年　北海道に生まれる

1973年　北海道大学大学院文学研究科博士課程退学

北星学園大学教授，大阪大学大学院人間科学研究科教授，東京未来大学学長を経て，

現　在　北星学園大学および同大学短期大学部学長，大阪大学名誉教授

主著訳書　『対人社会心理学重要研究集　第3巻』（分担執筆）誠信書房1987年，『社会心理学パースペクティブ1～3』（共編）誠信書房1989-90年，『親密な対人関係の科学』（共編）誠信書房1996年，『しぐさのコミュニケーション』サイエンス社1998年，『化粧行動の社会心理学』（編著）北大路書房2001年，『パーソナルな関係の社会心理学』（監訳）北大路書房2004年，『幸福を目指す対人社会心理学』（編）ナカニシヤ出版2012年

マイルズ・L・パターソン

ことばにできない想《おも》いを伝《つた》える

――非言語《ひげんご》コミュニケーションの心理学《しんりがく》

2013年10月15日　第1刷発行

2019年4月5日　第3刷発行

監訳者　大坊郁夫

発行者　柴田敏樹

印刷者　田中雅博

発行所　株式会社　誠信書房

〒112-0012　東京都文京区大塚3-20-6

電話　03(3946)5666

http://www.seishinshobo.co.jp/

印刷／製本　創栄図書印刷㈱

検印省略

Printed in Japan

ISBN 978-4-414-30420-6 C3011